HÉLION DE VILLENEUVE-TRANS

PAR

Le Comte DE SÉGUR

AUTEUR

de *Sainte-Cécile*, la *Vie du Comte Rostopchine*, *Témoignages et Souvenirs*, etc., etc.

Huitième édition

PARIS

BRAY ET RETAUX, LIBRAIRES-ÉDITEURS

82, RUE BONAPARTE, 82

1874

HÉLION DE VILLENEUVE-TRANS

OUVRAGES DU MÊME AUTEUR

Vie du comte Rostopchine, gouverneur de Moscou en 1812. 2e édit. 1 vol. in-12. 3 fr. 50

Sainte Cécile, poème tragique en deux parties et quatre actes. 3e édit. 1 beau vol. in-18 raisin. 2 fr.

Les Martyrs de Castelfidardo, 6e édit. 1 vol. in-18 anglais. 2 fr. 25

— Le même ouvrage, 1 vol. in-18 raisin. 1 fr. 25

Témoignages et Souvenirs, 4e édit. 1 vol. in-18 anglais. 2 fr. 50

Mémoires d'un troupier, 14e édit. 1 vol. in-18. Net, 60 c. — Remise exceptionnelle : 12/10, 25/20, 65/50, 140/100.

— Le même ouvrage. 1 vol. in-12. 1 fr. 50

La Caserne et le Presbytère, 18e édit. 1 vol. in-18 Mêmes conditions de prix que pour les *Mémoires d'un Troupier*, in-18.

Quelques mots sur la législation et la jurisprudence en matière de donation et de legs charitables. Nouvel édit. revue et augmentée. 1 vol. in-18. Net, 20 c.

— 12/10, 25/20, 65/50, 140/100.

Derniers jours d'un soldat condamné à mort. 9e édit. 1 vol. in-18. Net, 25 c.

— 12/10, 25/20, 65/50, 140/100.

Un Épisode de la Terreur, 4e édit. 1 vol. in-12. 1 fr. 25

— Le même ouvrage. 1 vol. in-18. 50 c.

Imprimerie Brier, C. Paillart et Retaux

HÉLION

DE VILLENEUVE-TRANS

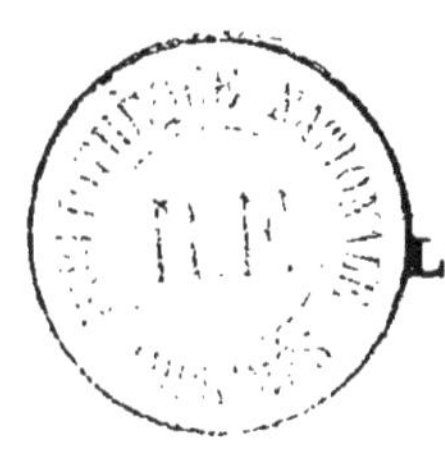

PAR

Le Comte DE SÉGUR

AUTEUR

de *Sainte-Cécile*, la *Vie du Comte Rostopchine*, *Témoignages et Souvenirs*, etc., etc.

Huitième édition

PARIS
BRAY ET RETAUX, LIBRAIRES - ÉDITEURS
82, RUE BONAPARTE, 82

1874

A

MADAME LA MARQUISE

DE VILLENEUVE-TRANS

C'est à vous, Madame, que je dédie cette simple histoire du noble fils que vous avez perdu. Puissiez-vous trouver quelque ressemblance dans cette image imparfaite de sa physionomie si forte et si pure, et quelque consolation dans cette ressemblance ! Vous me pardonnerez de vous avoir mêlée sans cesse à mon récit : l'âme et l'existence de ce cher fils furent si étroitement liées à votre existence et à votre âme, que je n'ai pu parler de lui sans parler de vous. Je sais, d'ailleurs, que la louange ou le blâme du monde vous sont également indifférents.

Daignez recevoir avec bienveillance cette couronne fragile que j'ai composée à la louange de celui que vous pleurez : j'aurais voulu avoir assez de talent pour la rendre immortelle. Du moins je l'ai tressée avec un soin pieux, et je ne la dépose sur la tombe de votre fils et de mon ami qu'après l'avoir couverte de mes prières et arrosée de mes larmes.

A. de Ségur.

Paris, 18 avril 1856.

VIE ET MORT

D'HÉLION DE VILLENEUVE-TRANS

CHAPITRE I.

Il semble qu'il y ait peu de chose à dire sur la vie d'un jeune homme mort à vingt-neuf ans, sous-officier, après une existence qui n'eut rien d'extraordinaire aux yeux du monde que la manière dont elle fut brisée. Mais, quand on connaîtra tous les trésors cachés que renfermait l'âme de cet admirable jeune homme, tous les traits de ce caractère héroïque, tous les exemples qu'il a donnés dans sa vie et dans sa mort, on comprendra le but, l'objet et la portée de cet ouvrage ; on comprendra que j'écrive la vie d'Hélion de Villeneuve-Trans, non pas seulement pour satisfaire aux désirs de sa mère et au penchant de mon propre cœur, mais pour en tirer de vives leçons et de profonds enseignements.

Après tout, la seule chose vraiment grande, vraiment intéressante, dans l'homme, c'est son âme immortelle ; les événements extérieurs n'ont eux-mêmes d'intérêt qu'en tant qu'ils servent à la manifester au dehors. Or, l'âme se manifeste dans les petites choses aussi bien que dans les grandes; souvent même elle s'y montre avec plus de vérité, de simplicité et de charme. Quand Dieu a mis dans une âme les qualités supérieures qui font les héros, ces qualités apparaissent dans les graves circonstances ; mais les qualités douces et simples, qui attirent l'amour plutôt que l'admiration, ces vertus de chaque jour, encore plus rares peut-être que les autres, la bonté, la tendresse, le dévouement, tout ce côté charmant et profond de l'âme n'apparaît que dans les événements quotidiens et dans les circonstances vulgaires de la vie.

C'est à ce double point de vue que la vie

d'Hélion de Villeneuve-Trans offre un attrait particulier : car il eut à la fois cette grandeur d'âme qu'on admire et cette bonté d'âme qui fait aimer. Sa jeunesse fut celle d'un saint, sa mort fut celle d'un héros et d'un martyr, et je ne crois pas avoir rencontré sur la terre de physionomie plus aimable et plus forte en même temps. C'est cette physionomie que je vais essayer de rendre telle que je la trouve dans mes longs et vivants souvenirs, et dans les souvenirs plus longs et plus vivants encore de sa mère.

Hélion de Villeneuve-Trans naquit à Nancy le 26 juin 1826. Je dirai peu de chose de sa famille, parce qu'elle est connue de tout le monde, et parce que la vanité n'entre pour rien dans cet écrit. Je rappellerai seulement que son nom, qu'il vient d'illustrer encore en mourant, était déjà, au temps de saint Louis, un des noms les plus anciens et les plus vénérés de France.

La première et la plus grande grâce qu'il reçut de Dieu fut de naître, non d'une famille illustre, mais d'une famille chrétienne. Pour être pieux et bon, il n'eut qu'à regarder autour de lui et à suivre des leçons que l'exemple accompagnait toujours. Son excellente nature se développa rapidement dans cette douce atmosphère, sa bonté et sa foi grandirent en même temps, appuyées l'une sur l'autre, ne se séparant jamais, et dès sa plus tendre enfance il donna des signes d'une piété extraordinaire.

Dans l'enfance de l'homme, comme à tous les âges de la vie, la foi prête aux actes les plus insignifiants une grandeur et un charme surhumains. Elle donne à cette petite et faible créature qu'on appelle un enfant une force de vertu et une beauté morale admirables. Sous ce rapport, l'enfance d'Hélion de Villeneuve présente des caractères tout à fait surprenants et qui ne peuvent s'expliquer que par une grâce toute particulière de Dieu. On me pardonnera de les rapporter en détail : outre que son existence fut si courte, que retrancher les années de son enfance, ce serait retrancher une partie considérable de sa vie tout entière, l'histoire de ses premières années est nécessaire à l'intelligence de celles qui les ont suivies : elle les contient toutes en germe, comme le grain de blé renferme l'épi que le temps et Dieu développeront : son enfance explique toute sa vie, elle explique surtout sa mort.

D'ailleurs, de même que tout, jusqu'au moindre brin d'herbe, a son intérêt et son charme dans l'étude de la nature, tout, jusqu'à l'humble prière d'un petit enfant, a son charme et sa grandeur dans l'ordre de la foi. La puissance et la bonté de Dieu se manifestent plus visiblement dans ces humbles et petites choses où il semble s'abaisser davantage et avoir plus de chemin à faire pour arriver jusqu'à sa créature. Pour moi, le spectacle d'un enfant chrétien m'a toujours profondément attendri, et j'éprouve une émotion non moins intime à entendre prononcer le nom du bon Jésus et de la sainte Vierge Marie par les lèvres incertaines d'un petit enfant encore tout plein de l'innocence baptismale, que par la bouche inspirée du plus éloquent prédicateur.

A l'âge de quatre ans, Hélion de Villeneuve, se trouvant en Provence, tomba dans un canal où il faillit se noyer. Cet événement accrut d'une manière surprenante les sentiments de piété qui remplissaient déjà son âme, et dès ce moment son enfance fut celle d'un saint. Il fit planter une petite croix près de l'endroit où il était tombé, obtint que le curé du village voulût bien la bénir, et ce lieu devint pour lui un pèlerinage de tous les instants. Tous les jours, et bien des fois chaque jour, ce pèlerin de quatre ans venait visiter sa chère petite croix et s'y agenouillait pieusement. Il y passait des heures entières à prier, et souvent il fallait que sa mère vînt le chercher pour l'arracher à ses méditations et à ses prières.

De retour à Nancy, il se fit également, dans un coin de la maison, une sorte d'oratoire où il se retirait continuellement et où il passait de longues heures. Quand sa prière se prolongeait outre mesure, et que sa mère inquiète l'appelait, il lui répondait : « J'ai besoin de prier ; » et il restait à genoux.

Je ne crois pas qu'on rencontre ailleurs, si ce n'est dans la vie des saints, des exemples pareils de grâce divine et de piété surhumaine.

Mais la foi ne va jamais seule : comme une reine céleste, elle est toujours accompagnée de mille douces vertus, de mille qualités aimables qui lui font cortége. Avec l'amour de Dieu grandissaient chaque jour, dans l'âme du saint enfant, la bonté, la tendresse et une énergie morale qui annonçait et qui préparait en lui le héros. Un trait touchant manifesta d'une manière frappante ces rares qualités.

Un jour, comme il revenait de la promenade, sa main se trouva prise dans une porte que le vent avait refermée violemment sur lui. Sans pousser un cri, il rouvrit lui-même cette porte et retira sa main : le gant qui la cachait était tout couvert de sang. Sa sœur aînée, témoin de l'accident, fut si émue, qu'elle perdit connaissance. Quant à lui, s'oubliant selon son habitude pour ne penser qu'aux autres, il composa son visage, entra chez sa mère avec un air de gaieté que démentait sa pâleur, et lui dit tout d'abord : « Ce n'est pas la faute de ma sœur ! » Puis il lui raconta l'accident, ôta son gant et lui montra sa main : une partie de l'ongle et de la première phalange du doigt était complétement détachée ! La pauvre mère recueillit comme une relique ce petit morceau de la chair de son fils et le conserva précieusement ; véritable relique, en effet, car c'est tout ce qui lui reste aujourd'hui de sa dépouille matérielle !

Avais-je tort de dire que l'enfance d'Hélion de Villeneuve contenait en germe le héros de Sébastopol ? Et ne reconnaît-on pas dans ce noble enfant, qui cache sa douleur sous un sourire, l'admirable jeune homme qui, mortellement blessé, écrit à sa mère, pour la rassurer, une lettre héroïque soutenue par un dernier effort de gaieté vraiment sublime ? Les circonstances sont différentes, la scène et l'âge ont changé ; l'âme est toujours la même.

Les suites de cet accident furent longues et douloureuses : l'enfant supporta les souffrances du pansement avec un courage incroyable. Dans un petit journal où il avait, dès cet âge, l'habitude d'écrire chaque soir ses impressions quotidiennes, je lis ces paroles touchantes :

« Aujourd'hui la journée s'est passée comme la veille ; j'ai autant souffert et ne me suis pas plaint : j'ai offert mes maux à Dieu. »

Et plus loin : « Ce matin, j'avais envie de me plaindre pendant le pansement ; mais, en offrant ses douleurs à Dieu, on les diminue de moitié, et l'on rougirait de se plaindre en pensant à ce que les saints ont souffert. »

Dans une cruelle maladie qu'il fit à peu près à la même époque et qui le retint trois mois cloué sur son lit, il montra le même courage et les mêmes sentiments de résignation chrétienne : il passait ses journées entières les yeux attachés sur une croix, unissant ses douleurs à celles du Dieu crucifié.

C'était à cette source divine qu'il puisait son courage dans la souffrance, le plus difficile des courages : il comprenait déjà, le saint enfant, que l'amour de Dieu est le seul refuge contre les douleurs humaines, et qu'il n'est pas d'amour de Dieu en dehors de la foi chrétienne. Non, le Dieu des philosophes et des sages n'est pas un Dieu qui console et qu'on aime ; on l'adore à peine, on le craint encore moins : il est trop loin, trop haut, trop abstrait, pour qu'on pense beaucoup à lui, et pour qu'il pense lui-même à ses créatures. Le seul Dieu qu'on puisse aimer, et le seul, en effet, qui ait fondé son amour sur la terre, c'est le Dieu incarné, le Dieu crucifié, le Dieu né d'une femme, qui, pour combler la distance infinie qui nous séparait de lui, a voulu vivre, aimer et souffrir comme nous, qui est mort pour nous sauver sur une croix, aussi vraiment homme qu'il est vraiment Dieu, aussi vraiment notre frère et notre ami qu'il est notre père et notre rédempteur ! Voilà le seul Dieu qu'on aime ici-bas, et, s'il est vrai que l'amour de Dieu soit la fin dernière et le devoir de l'homme sur la terre, il est le seul vrai Dieu, puisqu'il est manifestement le seul qui ait fondé et obtenu cet amour !

Cet amour de la croix de Jésus-Christ était le fond même de l'âme d'Hélion de Villeneuve et le principe de toutes ses pensées, de tous ses sentiments, à l'âge où la plupart des enfants savent encore à peine ce que c'est que Jésus-Christ.

« Mon excellente maman, écrivait-il à sa mère, à dix ans, pour le jour de sa fête, Dieu nous a tant donné de preuves de son infinie bonté, qu'en cherchant à te donner un souvenir de moi je n'ai rien trouvé de mieux qu'une croix qui rappelle les souffrances que Notre-Seigneur Jésus-Christ a endurées pour nous sauver des peines éternelles de l'enfer. »

La douloureuse passion de Jésus-Christ était le sujet continuel de ses méditations, et pour s'unir autant qu'il était en lui aux souffrances du Sauveur, il avait imaginé de lui-même de jeûner tous les vendredis. Dès l'âge de sept ou huit ans, il s'imposa cette dure pénitence, et il le fit avec tant d'humilité et de secret, que sa mère ne le sut que par hasard et plusieurs années après. Ce jour-là, en revenant de l'église, il allait à sa chambre comme pour prendre son déjeûner du matin ; mais il n'y touchait pas et le renvoyait secrètement à la cuisine. Il fallut, pour qu'on sût ce pieux manége, qu'on le surprît un jour en flagrant délit de mortification ; et sa mère, émue d'admiration et de joie, le laissa libre de suivre l'instinct de sa piété. Il s'était également imposé la loi de ne jamais manger ni friandises, ni mets sucrés, ni dessert, les vendredis et les samedis, et il continua ces pieuses pratiques longtemps encore après que son enfance eut fait place à l'adolescence.

Enfin, dès ce même âge, il avait l'habitude d'aller à la messe tous les jours, de grand matin, par le froid, la neige ou la pluie ; et le soir aussi, quelque temps qu'il fît, il allait dire ses prières à l'église : enfant respectueux de Jésus-Christ, il commençait et finissait ainsi ses journées à l'ombre des autels, et sa première comme sa dernière visite était pour la maison sacrée de son Père.

Il aimait ses parents comme il aimait Dieu, et la tendresse naturelle de son cœur s'accroissait encore de toute la force de sa piété. C'est en effet une grave et trop commune erreur de s'imaginer que la foi tue ou affaiblit dans le cœur du chrétien les affections naturelles. C'est le christianisme, au contraire, qui a ramené sur la terre tous les amours légitimes que le paganisme en avait bannis, l'amour des époux et des épouses, des enfants et des pères, et cet amour fraternel de tous les hommes entre eux, cette admirable vertu de la charité chrétienne qui embrasse tous les genres d'affection, et en dehors de laquelle il n'y a point d'affection sûre d'elle-même ni des autres. Or ce que la foi chrétienne a fait il y a dix-huit cents ans, elle le fait encore aujourd'hui ; elle est la mère et la sœur de la charité ; elle lui est unie dans l'Église de Jésus-Christ, comme dans le soleil la chaleur est unie à la lumière. Aussi rien n'est plus tendre que l'âme d'un vrai chrétien ; tout ce que les autres jettent en pâture à leurs passions de trésors intimes, de tendresse et d'affection, il le garde pour les affections légitimes, pour le sanctuaire béni de la famille, pour le cœur de sa mère, et son amour est d'autant plus fort, qu'il ne le sépare jamais du devoir.

Telle était l'âme d'Hélion de Villeneuve, élevée avant le temps à l'âge d'homme par cette merveilleuse institutrice qu'on appelle la grâce. Son cœur était aussi tendre que pur ; après l'amour de Dieu, l'amour de ses parents le remplissait tout entier. Aimer son père, sa mère, ses sœurs, était toute sa joie, et il trouvait des accents ravissants de douceur et de simplicité pour leur exprimer cet amour.

Écoutez ce que cet enfant de douze ans écrivait à sa mère pour le jour anniversaire de sa naissance, avec un charme d'expression qu'aucun écrivain ne désavouerait :

« C'est aujourd'hui ma plus grande et la seule véritable fête qu'il y ait pour moi, ma chère maman, car c'est aujourd'hui que tout mon bonheur est venu au monde ! »

Peut-on mieux sentir et mieux dire ce qu'on sent ?

« Tu désires, ajoutait-il, savoir ce que je pense du bonheur ? Eh bien, je pense que mon plus grand bonheur est de pouvoir me dire qu'avec la grâce de Dieu, en laquelle j'espère plus qu'en toute autre chose, je ne te quitterai jamais, ni toi, ni mon père. »

Je dois rapporter ici une circonstance particulièrement touchante et qui prouve à quel point cet aimable enfant craignait, en effet, d'être privé de sa mère. Chaque soir, il l'obligeait à demander à Dieu qu'il le fît mourir avant elle ; il ne voulait pas s'endormir avant qu'il l'eût entendue faire cette étrange prière à haute voix auprès de son lit. Prenant cette demande pour un caprice d'enfant, la pauvre mère y accédait en souriant : hélas ! ce qu'elle croyait être un caprice était peut-être un pressentiment, et la prière qu'elle faisait avec un sourire devait s'accomplir dans les larmes !

A cette tendresse, qui est au fond de toutes les âmes vraiment grandes, Hélion de Villeneuve joignit dès son enfance une énergie morale extraordinaire. Il fut toujours plein de courage, méprisant la souffrance, amoureux du danger, ignorant toute recherche de lui-même, bravant toutes les intempéries des saisons ; en un mot, aussi dur de corps qu'il était tendre de cœur. Il dut à cette éducation austère une vigueur physique peu commune, et il arriva à l'âge d'homme avec un corps aussi fortement trempé que son âme.

Telle fut l'enfance d'Hélion de Villeneuve, enfance vraiment extraordinaire, où l'on voit la beauté native, une forte éducation et la grâce divine s'unir et se fondre merveilleusement pour produire une physionomie vraiment unique d'énergie, de douceur et de charme. Ces premières années de vertu, de tendresse, de foi profonde, furent le commencement et la préparation de sa vie ; et, à voir la solidité des assises, on pouvait juger dès lors que l'édifice ne manquerait ni de grandeur ni de beauté.

Comme un sol généreux et fortement travaillé par la charrue est prêt à produire avec abondance tous les fruits de la terre, son âme, naturellement grande et travaillée par la grâce de Dieu et les soins de ses parents, était prête aussi à porter des fruits de tout genre pour le monde et pour le ciel. De ce point de départ, il pouvait s'avancer dans la vie sans témérité, mais avec une humble et ferme confiance, parce que son espérance n'était pas en lui-même, mais en Dieu ; exposé, comme tous les hommes, aux erreurs, aux passions, aux chutes mêmes, mais à peu près certain de ne pas rester dans le mal s'il y posait le pied, et de revenir tôt ou tard à ce Dieu dont la foi était désormais inébranlable dans son cœur et dont l'amour avait rempli les premières années de sa vie.

Quand on commence ainsi l'existence, la fin n'en est guère douteuse, si le milieu en est quelquefois obscurci. Dieu se souvient des premiers sacrifices et du premier amour, et cet amour divin laisse dans le cœur qu'il a traversé des parfums impérissables : ils peuvent s'évaporer pour un moment au feu des passions ; mais, un jour ou l'autre, à l'heure marquée par Dieu dans son infinie miséricorde, ils se retrouvent au fond du cœur, pour mêler leur douceur céleste aux joies de la vie ou aux amertumes de la mort !

CHAPITRE II.

La piété extraordinaire d'Hélion de Villeneuve fit devancer pour lui l'âge habituel où les jeunes garçons sont admis à faire leur première communion, et il accomplit ce grand acte à dix ans. Il s'y prépara avec une admirable ferveur, et reçut son Créateur et son Dieu le 26 juin 1836, jour anniversaire de sa naissance, avec un cœur parfaitement pur et tout embrasé de reconnaissance et d'amour.

C'est un grand acte dans la vie, le plus grand peut-être après celui de la mort, que le moment où pour la première fois l'âme s'unit à Dieu dans le sacrement adorable de l'Eucharistie. De cette première visite du Seigneur à sa créature dépend souvent l'avenir tout entier de l'homme, non-seulement son avenir sur la terre, mais son avenir éternel. Il est bien rare et presque sans exemple qu'un homme qui a fait sa première communion avec foi et amour ne revienne pas à Dieu tôt ou tard, à quelques excès, à quelque oubli du ciel que sa vie ait été livrée. Ce n'est point en vain que Dieu a daigné se donner à l'homme pour nourriture au milieu des ineffables abaissements de l'Eucharistie.

De ce jour, les grâces et les vertus grandirent dans l'âme du saint enfant, devenue le sanctuaire du Très-Haut. Non-seulement sa foi et sa piété, mais sa bonté, son énergie pour le bien, son amour du devoir et le sentiment profond de l'honneur se développèrent rapidement dans son cœur. L'enfant se transformait en homme, mais son âme restait toujours la même, et c'était l'âme d'un chrétien.

Son dévouement était sans limites et ne faisait point acception de personnes. Dès l'âge de douze ans, il se dévouait aux pauvres, comme plus tard il se dévoua à son pays. N'ayant encore que bien peu d'argent à leur donner, il leur portait l'aumône plus précieuse de ses consolations et de sa douce tendresse : il allait les visiter fréquemment, causait longuement avec eux, s'intéressait à leurs petites affaires, à leurs joies si rares comme à leurs nombreuses souffrances, et connaissait déjà l'art de sécher les larmes et d'apaiser les douleurs.

La mère de son précepteur étant tombée gravement malade, il alla s'établir à son chevet, la soigna comme un fils, passa les nuits auprès d'elle, lui prodigua les soins de tout genre, et, comme un ange consolateur, l'assista jusqu'à son dernier soupir. C'était ainsi qu'il se dévouait et qu'il aimait : je n'ai pas besoin après cela de dire s'il était aimé !

Ce besoin de dévouement, qui formait le fond de son âme comme de toutes les grandes âmes, s'alliait chez lui à un autre sentiment, qui est souvent la conséquence du premier, je veux dire l'amour du danger. Il faisait plus que braver le danger, sous quelque forme qu'il se présentât ; il le recherchait, il l'aimait comme tant d'autres aiment le plaisir : ce sentiment alla sans cesse se développant en lui, et finit par devenir en quelque sorte sa passion dominante. C'est ce qui explique bien des circonstances de sa vie et surtout la grande détermination qui le poussa, en Crimée, au-devant du péril et de la mort.

Toutes les fois que des incendies éclataient à Nancy ou dans les villages environnants, au premier son du tocsin, au premier cri d'alarme, il était sur pied. Rien ne pouvait le retenir, il courait au feu, organisait les secours, n'épargnait ni sa peine ni sa personne, et, arrivé le premier sur le lieu du sinistre, il en partait toujours le dernier.

Un soir, entre autres, un violent incendie s'étant manifesté à trois lieues de Nancy, il partit aussitôt, et, ne trouvant ni cheval ni voiture, monta sur une des pompes afin d'arriver avec les pompiers eux-mêmes sur le théâtre de l'incendie. Il passa la nuit à travailler, s'exposant au plus fort du danger, et revint à Nancy le lendemain matin, tout couvert de fumée, tout noirci par le feu, mais le visage radieux comme un soldat qui revient de sa première victoire. Tels furent ses premiers champs de bataille, tels étaient, dès sa première jeunesse, l'ardeur de son dévouement et l'entraînement de ses généreux instincts.

Quand il eut passé son examen de baccalauréat, il vint à Paris pour faire son droit, à l'automne de 1845. De nobles parents qu'il avait en Autriche, où ils étaient demeurés depuis l'émigration, lui avaient offert une brillante position et un avenir assuré dans l'armée autrichienne ; mais il refusa absolument cette proposition, quelque séduisante qu'elle fût, déclarant qu'il ne servirait jamais que la France. Dès cette époque, en effet, l'amour de son pays et un sentiment profond de l'honneur français étaient vivants dans son cœur et se confondaient en lui avec la soif du dévouement et du danger, comme avec l'amour de l'Église. L'Église et la France, tel était son mot d'ordre, comme celui de ses ancêtres, comme celui de notre histoire tout entière, pour qui sait la comprendre. Il vint donc à Paris pour faire son droit, laissant à Dieu le soin de lui choisir plus tard une carrière et de donner une direction à sa vie.

Il avait alors dix-neuf ans ; je le connus presque dès son arrivée. C'était le temps où les vieilles voûtes de Notre Dame retentissaient des admirables conférences du Père Lacordaire.

Toute la jeunesse de Paris se pressait autour de la chaire du grand prédicateur et s'enivrait de son éloquence comme d'un breuvage divin descendu du ciel. La nouvelle génération rapprenait ainsi le chemin, si longtemps oublié, de l'Église et de la foi catholique. C'est au sortir d'une de ces belles assemblées que je vis Hélion de Villeneuve pour la première fois. Nous nous serrâmes la main, et nous nous aimâmes presque aussitôt d'une amitié que la mort elle-même n'a point brisée et n'a fait que rendre plus étroite. Il était alors dans tout l'épanouissement de sa belle jeunesse et de son admirable nature. Son extérieur était plein de charme : son beau visage respirait la bonté, la gaieté, la plus aimable franchise. Il rayonnait le bonheur, et la pureté de son âme se reflétait tout entière sur sa physionomie à la fois douce, candide et virile.

Gœthe a dit quelque part qu'une des plus grandes jouissances de ce monde est de voir une belle âme s'ouvrir devant soi. Il est certain qu'un des plus grands bonheurs, qu'une des joies les plus vraies de ma vie, ce fut de voir l'âme d'Hélion de Villeneuve s'ouvrir et s'épanouir à mes yeux dans les doux épanchements de l'amitié. Je vis sans peine jusqu'au fond de son cœur, comme on voit au fond d'une source limpide, et je le trouvai parfaitement pur. Il ne cachait rien, parce qu'il n'avait rien à cacher, et c'est même cette extrême limpidité de son âme qui donnait un cachet tout particulier et un charme si sympathique à sa physionomie. Qu'on se figure la plus heureuse nature embellie de tous les dons de la grâce divine, et l'on aura l'âme d'Hélion de Villeneuve à cette bienheureuse époque de sa vie, où, sorti de l'enfance et de l'adolescence, il posait le pied dans la virilité.

Il avait conservé avec la ferveur de ses jeunes années ses habitudes religieuses. Tous les matins il allait à l'église, et souvent il y retournait prier le soir. Tous les quinze jours il retrempait sa foi dans les sacrements de la Pénitence et de l'Eucharistie. C'était ainsi qu'il entretenait la santé et la pureté de son âme.

Jamais jeune homme chrétien ne rendit la dévotion plus aimable et plus saintement contagieuse : mieux que personne, je puis l'attester. On aimait sa piété comme on aimait sa franchise, sa gaieté, sa simplicité et les mille vertus charmantes qu'il tenait de Dieu et de l'éducation. Il respirait le bonheur et ce contentement intime d'une conscience parfaitement en paix avec Dieu et avec elle-même. On sentait, rien qu'à le voir, qu'il était heureux de vivre et qu'il méritait de l'être ; car vivre, pour lui, c'était aimer Dieu, ses parents, ses amis ; c'était faire son devoir partout et toujours, et le faire sans effort, sans peine, par le seul penchant d'une bonne nature et d'une forte grâce.

C'est une belle chose, aussi belle que rare, et bien digne d'admiration et d'amour, que l'âme humaine dans cet état de repos et de joie méritée. Aussi Hélion de Villeneuve fut-il beaucoup aimé : presque tous ceux qui l'approchaient subissaient le charme de sa bonne et grande nature, et, selon l'âge et la position des personnes qui le connaissaient, il inspirait à toutes l'estime, la bienveillance ou la plus sincère affection.

Le seul défaut qu'il eût alors était une trop

grande facilité de liaison ; encore ce défaut, qui plus tard lui devint funeste, n'était-il que l'exagération d'une bonne qualité. Parfaitement incapable du mal, il se refusait à le voir et surtout à le soupçonner chez les autres. Il allait à tout le monde avec un excès de confiance qui indiquait une grande pureté d'intention et une extrême bienveillance d'esprit, mais qui pouvait et devait tôt ou tard l'exposer à des piéges et à des déceptions. Sans prodiguer l'amitié, il prodiguait la familiarité, et il étendait outre mesure le cercle de son intimité. Il était trop facile avec les choses comme avec les hommes, et il ne tarda pas à abuser un peu des plaisirs légitimes de la jeunesse, oubliant que ces plaisirs cessent d'être légitimes le jour où, par l'abus qu'on en fait, ils commencent à devenir dangereux.

Néanmoins, et malgré cette ombre légère, Hélion de Villeneuve conserva pendant les premières années de son séjour à Paris toutes les habitudes, toutes les vertus, tous les charmes de son enfance, et la Révolution de février 1848 le trouva encore très-pur, très-bon et très-pieux.

CHAPITRE III.

La Révolution de février, qui changea tant de choses, changea aussi la vie d'Hélion de Villeneuve, et signala pour lui le commencement d'une existence nouvelle. Du moment qu'il eut endossé cet uniforme de la garde nationale, qui pendant quelques mois mérita l'honneur d'être appelé un uniforme militaire, du moment qu'il fut descendu dans la rue au bruit du rappel, le fusil à la main, et qu'il eut goûté, dans les journées de février comme en celles de juin, de quelques-unes des émotions de la vie militaire, sa vocation, encore incertaine à ses yeux, lui fut révélée, et il se dit : « J'étais né pour être soldat ! » Sa pensée alla même plus loin, et, dès ce premier moment, il laissa entrevoir qu'il le serait un jour.

Les exercices, les nuits de garde, les patrouilles, les bruits de l'émeute, la rue transformée en une sorte de camp, en attendant qu'elle devînt un champ de bataille, tout cela l'enivrait de joie, et il apportait à l'accomplissement de tous ces devoirs, nouveaux pour lui comme pour tant d'autres, non-seulement l'esprit de dévouement et de sacrifice d'un bon cioyen, mais l'esprit de gaieté et l'entrain d'un vieux soldat épris de son métier.

Dans les journées de février comme dans les innombrables journées d'agitations qui suivirent, bien des fois nous parcourûmes ensemble les rues, les émeutes et les clubs, lui courant après le danger, moi courant après lui ! Nous vîmes ensemble cette misérable émeute, qui devint en deux jours une révolution, se former, hasarder son avant-garde de gamins débraillés, puis grandir devant l'inaction du pouvoir, et gagner, en quelques heures, des profondeurs des faubourgs jusqu'aux Tuileries et au Palais-Bourbon. Nous vîmes les premières charges de cavalerie, alors qu'on osait encore déployer une apparence de répression ; nous entendîmes tirer les premiers coups de fusil sur la place du Châtelet. En traversant les rues sombres et tortueuses du centre de Paris, nous serrâmes la main de pauvres soldats qui étaient là isolés, perdus dans de petits postes, et dans l'attitude incertaine et fatiguée desquels on lisait déjà les humiliations du lendemain.

Le 24 février au matin, en parcourant les boulevards, nous remarquâmes avec un serrement de cœur tous les indices précurseurs d'une ruine : des groupes de bourgeois inquiets, des groupes d'ouvriers menaçants ; sur les murs des affiches multipliées qu'on ne daignait plus lire, annonçant avec de nouveaux ministres de nouvelles hésitations et de nouvelles faiblesses; dans les rues les plus tranquilles d'habitude, des insurgés arrachant publiquement les pavés et construisant en paix des barricades ; sur les boulevards, symptôme plus alarmant encore, des bataillons entiers de soldats et de gardes nationaux, déplorablement confondus, la crosse de leurs fusils en l'air, escortés d'une populace nombreuse dont les cris semblaient à la fois un remercîment et une menace.

Un peu plus tard, après le massacre des braves gardes municipaux, après l'abdication du roi Louis-Philippe et pendant l'envahissement des Tuileries, que nous ignorions encore, nous vîmes, toujours ensemble, du socle d'une des statues du pont de la Concorde que nous avions escaladé, une foule ignoble d'hommes, de femmes à moitié ivres, défiler sur les quais, approcher sans résistance de la Chambre des députés, où la duchesse d'Orléans s'était réfugiée avec ses enfants, franchir l'escalier du palais en face de bataillons qui se laissaient désarmer à mesure qu'ils arrivaient au pont de la Concorde, puis enfin enfoncer les portes extérieures de la Chambre et disparaître dans ses profondeurs avec des gestes menaçants et des cris furieux.

Moment terrible, où nous apparut l'image la plus hideuse et la plus complète de l'anarchie que des Français mêmes puissent voir. Jamais, pour ma part, je n'oublierai l'impression de chagrin et de honte qui me broya le cœur quand je vis de braves soldats, le front baissé, la mort dans l'âme, réduits, par le défaut de commandement et l'inaction de leurs chefs, à subir cette humiliation sans pareille de se laisser désarmer sans combats par des misérables qui emportaient leurs armes en triomphe. Cette impression, l'âme toute militaire d'Hélion de Villeneuve la ressentit sans doute plus vivement encore que la mienne, et peut-être ne fut-elle pas étrangère à la détermination qu'il prit plus tard d'endosser à son tour cet uniforme, le plus noble qui fut jamais, qu'attendaient de si glorieuses réparations.

Quelques instants après l'envahissement de la Chambre, nous entendîmes proclamer par les rues le gouvernement provisoire, puis la république. En traversant le jardin des Tuileries, nous vîmes le palais envahi : à chaque fenêtre, des hommes en blouse brisaient les persiennes et jetaient au vent des papiers déchirés, arrachés au cabinet du roi, pauvres papiers d'État emportant avec eux les dernières pensées d'un gouvernement qui n'était déjà plus.

Le soir même, nous prîmes les armes ; nous achetâmes tant bien que mal dans une boutique de fripier des vêtements plus ou moins réguliers de gardes nationaux, et, soldats improvisés d'une société réduite à se défendre elle-même en l'absence de tout pouvoir, nous passâmes notre première nuit militaire au ministère de l'intérieur. Triste nuit, et bien digne de la journée qu'elle suivait ! A chaque instant des coups de fusil, des prises d'armes, l'éternel et ignoble défilé des vainqueurs de l'École militaire, qui passaient chargés d'armes, affublés grotesquement d'uniformes de soldats en lambeaux, poussant des cris où l'ivresse du triomphe se mêlait à celle de l'eau-de-vie.

Je ne dirai rien des jours qui suivirent, et qui ne se ressemblèrent que trop, si ce n'est qu'Hélion de Villeneuve se donna tout entier à cette vie d'alerte et d'agitation avec une joie telle, qu'elle étouffait presque en son âme le chagrin des hontes et des malheurs de la patrie. Dans cette joie, dans cet entrain, dans toute son attitude, sa vocation véritable, la vocation militaire, se révélait déjà avec une entière évidence; lui-même ne s'y trompa point, et tout d'abord il écrivit à sa mère qu'il avait toujours eu le désir de se faire soldat, et que, si la guerre éclatait, il lui serait impossible de ne pas s'engager. Aux premières élections de la garde nationale, il fut nommé sous-lieutenant dans sa compagnie à la presque unanimité, et il prit part, en cette qualité, à toutes les manifestations imposantes qui firent un instant de la garde nationale une sauvegarde pour la société et une véritable armée pour la cause de l'ordre. Toujours le premier debout au son du rappel, il assista à toutes les émeutes, depuis celle du 15 mai jusqu'aux sanglantes journées de juin ; c'est ainsi qu'il préludait aux grandes luttes de Sébastopol.

Ses parents, effrayés de le savoir à Paris, exposé à tous les dangers que la garde nationale avait alors à courir, désiraient vivement en leur cœur qu'il abandonnât momentanément ses études de droit et qu'il revînt près d'eux à Nancy. Néanmoins, connaissant leur fils, ils hésitaient à lui demander ce sacrifice. Hélion de Villeneuve, ayant appris indirectement l'inquiétude de sa mère et craignant que sa santé n'en fût compromise, eut l'abnégation vraiment admirable de lui proposer de quitter cette vie de Paris qu'il aimait tant, d'abandonner un poste plein d'attrait pour lui, puisqu'il était plein de dangers, et de lui sacrifier ainsi, sinon son devoir, du moins le plus cher de ses goûts. Je ne puis résister au désir de citer presque en entier la lettre qu'il écrivit à sa mère à cette occasion : elle respire à la fois une grandeur d'âme et une tendresse filiale qui font venir les larmes aux yeux.

« .... Je ne m'inquiète pas de l'avenir ; il est entre les mains de Dieu; il en fera ce qu'il voudra, et ce qu'il voudra sera toujours bien, si de notre côté nous faisons toujours notre devoir. La vie n'est qu'un temps bien court, il s'agit de bien l'employer, et dans toutes les positions, si l'on fait ce qu'on doit, on peut être heureux en ayant confiance en Dieu... Le curé de *** me connaît bien, puisqu'il t'a dit juste ce que je t'ai dit moi-même, que je serai toujours prêt à faire ce que vous voudrez, même en sacrifiant mes convictions. Je suis bien sûr d'ailleurs que tu ne voudrais jamais me faire faire de lâcheté; tu m'aimes *trop bien* pour ne pas savoir qu'à mon sentiment *il n'y a plus de bonheur possible* *quand on a fait une vilenie*... Cependant, si ta tendresse t'empêchait de voir les choses tout à fait juste, je t'assure que j'aimerais mieux ne pas t'affliger. Mon plus grand désir est que tu sois heureuse, et je ferai toujours ce que je pourrai pour cela. »

Ses parents, dignes d'un tel fils, répondirent par un sacrifice à celui qu'il leur offrait de faire pour eux, et lui écrivirent en l'engageant à rester à Paris. Cette décision le remplit de reconnaissance et de joie.

« Ainsi donc, leur répondit-il, ma bonne mère, tu me laisses achever mon droit à Paris? Puisque tu me dis que ta santé et celle de mon bon père ne l'exigent pas, je reste et te remercie de me laisser ici. Mais, si tu sentais que mon absence te fît du mal, n'hésite pas à me faire revenir, et sois sûre que le bonheur de vous rendre heureux me dédommagerait de tout. »

— « Si je suis content d'être à Paris, lui écrivait-il encore, c'est uniquement à cause de l'occasion qui peut se présenter chaque jour d'être bon à quelque chose... Je t'ai toujours dit que je déplorais l'inaction dans laquelle vivent forcément tant de jeunes gens, et moi tout le premier; de là résultent des goûts futiles, de la difficulté à se bien conduire et la conscience que l'on n'est bon à rien ; mais enfin il n'y avait pas moyen de faire autrement. Je t'ai toujours dit aussi qu'en cas de guerre je ne pourrais m'empêcher de servir. Eh bien, nous voici dans un moment difficile ; on est comme dans un camp, ne sachant jamais ce qui arrivera le lendemain. S'il y a quelque chose, la garde nationale est assurément la principale force, c'est elle qui fera presque tout. Tu conçois donc que je sois heureux d'en faire partie, surtout comme officier... »

Et dans une autre lettre il ajoutait : « Si la guerre se déclare, je trouve qu'E. et B. seront bien heureux. Dans le temps où nous sommes, il est du devoir de tout homme d'honneur de faire ce qu'il peut : quand on n'est pas capable de rendre des services en politique, c'est à l'armée qu'on doit être si l'on se bat. »

Grande et belle leçon, sur laquelle je reviendrai plus tard, qu'il appuyait dès lors de son exemple et qu'il consacra plus tard de son sang sous les murs de Sébastopol.

Ces lettres, où sa belle âme se montre tout entière, prouvent jusqu'à l'évidence que, dès ce moment, il connaissait sa vocation et était décidé à la suivre le cas échéant. Mais la guerre, un moment imminente, put être évitée ; l'agitation même produite par la Révolution de février s'apaisa peu à peu, sinon dans les esprits, du moins dans la rue. Paris perdit bientôt l'aspect d'un camp, que lui avaient donné tant d'émeutes, et l'armée reprit dans la capitale la place qu'elle avait dû momentanément céder à la garde nationale. Hélion de Villeneuve, trop âgé déjà pour s'engager en temps de paix, retenu d'ailleurs par la santé profondément ébranlée de son père, dut songer à trouver une autre occupation, car l'oisiveté lui était insupportable.

Il entra donc, en 1849, au ministère des affaires étrangères. Mais, quoiqu'il y réussît parfaitement, il n'aima jamais cette carrière, trop paisible et trop renfermée pour ses goûts. L'ennui, ce sentiment d'inquiétude et de malaise qu'éprouvent tous les êtres qui ne sont point dans leur vocation, fit de cette vie sédentaire un danger pour lui. Des liaisons trop nombreuses et trop faciles, et l'abus des plaisirs du monde, agirent également sur lui dans un sens fatal. Peu à peu ses habitudes religieuses, cette grande, cette unique sauvegarde des jeunes gens, allèrent en s'affaiblissant dans sa vie, et laissèrent son âme livrée sans défense à toutes les tentations du dehors et du dedans.

Que dirai-je de plus? Il avait évité jusqu'alors tous les piéges qui lui étaient tendus, et Dieu sait si le monde les multipliait sous ses pas! Il les avait évités par la fuite, par la prière, par la fréquentation des sacrements qui donnent à la faiblesse humaine toute la force de Jésus-Christ. Une fois désarmé, il y succomba, et cette âme si belle, si grande, si pure, restée chaste pendant vingt-trois ans, connut enfin ce que le monde appelle en souriant le plaisir et ce que l'Église en pleurs appelle le mal; elle le connut, le subit comme un joug, mais ne l'aima jamais et n'y demeura qu'en passant : sa foi, son élévation native, étaient trop grandes pour qu'il s'y attachât un seul jour d'une affection durable.

La faiblesse d'Hélion de Villeneuve fut si passagère, elle resta tellement à la surface de son cœur et de sa vie, si je puis m'exprimer ainsi, et elle fut effacée par tant de vertus charmantes et par une si sublime expiation, que j'ai hésité à la mentionner, même en passant, dans cette histoire. Je l'ai fait néanmoins, après y avoir longtemps réfléchi, d'abord par respect pour la vérité, puisque ce récit est une histoire, et non pas un éloge, ensuite à cause des enseignements utiles qu'on en peut tirer.

Premièrement, en effet, elle prouve une fois de plus, après tant de lamentables exemples, le danger des mœurs trop faciles et de l'abus des plaisirs permis. On ne peut user sans péril du monde et de ses joies qu'à la condition d'en user modérément ; car l'air qu'on y respire est mauvais et agit d'une manière funeste sur tous ceux qui y séjournent trop longtemps sans nécessité. Insensiblement il modifie les points de vue, l'aspect des choses, la façon dont on envisage la vie ; il dissipe l'esprit, il atteint même le cœur; et quand, par la grâce de Dieu, on revient à soi, après un de ces fatals moments d'enivrement et d'oubli, on se trouve avec terreur bien loin du point de départ, hélas! et bien au-dessous.

Mais la faiblesse passagère d'Hélion de Villeneuve enferme un autre enseignement bien plus rare et non moins important. Il a, en effet, montré par son exemple comment un chrétien peut se relever quand, par malheur, il a failli. Pour une foule de jeunes gens, une première faute semble un engagement irrévocable conclu avec le mal. Par je ne sais quel sentiment faux qu'on appelle de la logique, et que j'appelle de la folie, on s'imagine que les fautes doivent s'appeler et se tenir comme les vertus, qu'on ne peut céder à une passion sans céder à toutes, et que, par cela seul qu'on a eu la faiblesse d'offenser Dieu sur un point, on est obligé de l'offenser sur tous les autres; comme si l'abandon d'un devoir devait avoir pour conséquence l'abandon de tous les devoirs, et comme si, parce qu'on est faible, on était contraint de devenir impie!

Avec cette prétendue logique, trop commune en France, à la première faiblesse, à la première faute, on abandonne tout : prière, église, habitudes chrétiennes de tout genre ; on se croirait inconséquent en respectant dans ses paroles et dans ses actes un Dieu qu'on offense, non par haine, mais par faiblesse humaine : on ne le respecte donc plus ! Parce qu'on a violé un commandement, on les viole tous, ou peu s'en faut. A ce métier, la foi s'affaiblit et meurt vite, la vie chrétienne se retire tout à fait, et la voix du repentir et du retour se ferme quelquefois pour jamais.

Hélion de Villeneuve ne fut pas logique de cette façon-là, grâce à Dieu. Il connaissait trop bien la bonté et la miséricorde infinie du Sauveur ! Il savait que l'Évangile est plein de douceur et d'indulgence pour la faiblesse humaine, et que Dieu pardonne tout à l'humble repentir. Il savait que Madeleine, la grande pécheresse, s'était relevée purifiée et sainte après avoir pleuré aux pieds du Seigneur, et que le pauvre Publicain s'était retiré pardonné du Temple pour avoir humblement confessé ses misères, tandis que le

Pharisien avait remporté avec lui le lourd fardeau de ses vices austères et de ses orgueilleuses vertus. Il savait, en un mot, que Dieu préfère à une vertu superbe et enflée d'elle-même mille faiblesses avouées dont on s'humilie et dont on se repent. Il n'eut donc pas la prétention d'ériger sa faiblesse en principe, de s'en parer comme d'un vêtement d'honneur, et de vouloir détruire dans son cœur la foi de toute sa vie, parce qu'il l'avait un moment oubliée. Il ne manqua jamais d'honorer Dieu par ses paroles et par ses actes; il continua à prier pour demander au Seigneur de lui rendre la force qu'il avait momentanément perdue; il continua à aller à la messe le dimanche, à observer même les autres commandements de l'Église, tels que le jeûne et l'abstinence. Et, comme un de ses compagnons le raillait sur son obstination à ne rien prendre un jour de jeûne, il lui répondit en souriant : « Parce que j'ai la faiblesse d'offenser Dieu en un point, faut-il que je l'offense en tous les autres ? »

Grâce à cette fidélité courageuse, Hélion de Villeneuve n'eut point de peine à sortir du genre de vie où il avait posé le pied. Après un court enivrement, il secoua le joug des plaisirs défendus, si pesant pour une âme chrétienne, comme on chasse un mauvais rêve après le sommeil, et, au premier avertissement de la Providence, il dit adieu au mal et rentra à pleines voiles dans le port de la paix chrétienne.

C'était au mois de septembre 1850. Hélion de Villeneuve était à Paris, où les travaux du ministère le retenaient presque toute l'année, quand une lettre de sa mère lui apprit que son père était dangereusement malade et qu'il l'appelait près de lui. Cette fatale nouvelle le frappa comme un coup de foudre. Il accourut à Nancy et trouva son père encore vivant, mais condamné par les médecins. Ce bon père, ce noble et excellent chrétien, avait voulu attendre son fils pour être administré devant lui, et lui léguer ainsi, avec le souvenir de cette douloureuse, mais sublime cérémonie, un dernier exemple et une dernière leçon.

Il vécut encore huit jours, pendant lesquels Hélion de Villeneuve ne le quitta pas une minute, le veillant, le soignant avec la tendresse d'un fils et le dévouement ingénieux d'une sœur de Charité, portant lui-même d'un lit dans un autre celui qui l'avait porté enfant entre ses bras, et recueillant comme un héritage sacré les dernières paroles du mourant. C'est un grand bonheur pour un fils de pouvoir penser, non-seulement sans rougir, mais avec un noble orgueil, à la vie et à la mort de son père, et de pouvoir se dire avec certitude qu'après une existence honorée des hommes, son âme repose heureuse et bénie dans le sein de Dieu.

Après avoir reçu une dernière fois, en présence de sa famille, les sacrements de l'Église avec un grand recueillement, le marquis de Villeneuve-Trans parla à son fils de la vie qu'il devait mener, de l'honneur de son nom, qu'il lui laissait pur et sans tache, il lui recommanda d'avoir toujours présent à la pensée le souvenir de ses ancêtres, grands par la foi et par le dévouement chevaleresque à la France, de toujours porter dignement un nom illustré par tant de générations ; puis il s'endormit doucement dans les bras de ce cher fils et dans la paix du Seigneur.

Hélion de Villeneuve lui rendit les derniers devoirs de la piété filiale avec une grande tendresse et une grande affliction ; il le conduisit en Provence, à Bargemont, et déposa son cercueil dans le caveau de famille, où lui-même, hélas ! devait venir le rejoindre bientôt.

Tel fut le plus grand chagrin d'Hélion de Villeneuve, le seul peut-être qui ait assombri son heureuse existence jusqu'au jour de son adieu suprême à sa mère et du grand déchirement de la mort. Cet événement fit sur lui la plus salutaire impression, et le ramena aux pratiques et aux pensées religieuses, qui avaient un moment sommeillé au fond de son cœur.

Je ne parlerai point en détail de sa vie depuis ce moment jusqu'à celui où la guerre d'Orient éclata : je n'y trouve aucun événement saillant. Elle fut remplie par ses travaux monotones du ministère, par des voyages qu'il fit en Espagne, en Italie, en Allemagne et en Russie, comme porteur de dépêches, par les occupations, beaucoup trop restreintes à son gré, que lui donnaient ses fonctions de capitaine d'état-major de la garde nationale. Je ne rappellerai qu'un fait, qui prouve à quel point, même au milieu de quelques faiblesses, le sentiment chrétien vivait toujours dans son âme : jamais il ne partit pour un voyage sans s'être auparavant confessé de ses fautes, mettant ainsi à régler ses affaires de conscience le même soin que d'autres apportent à régler leurs affaires temporelles. C'est dans ces dispositions que le trouva la guerre quand elle vint tout à coup troubler la France, l'Europe et le monde.

CHAPITRE IV.

Si jamais guerre fut juste dans son principe, grande et généreuse dans son but, ce fut sans contredit cette guerre d'Orient, où la France se jeta résolûment, sans intérêt personnel, sans arrière-pensée d'agrandissement et de conquête, mue par la seule volonté de défendre le droit, de combattre pour la justice et pour la vérité.

Au mépris des traités, au mépris de cette morale éternelle, supérieure à tous les traités, la Russie voulait imposer à la Turquie des concessions déshonorantes, incompatibles avec la dignité de tout gouvernement qui se respecte et avec l'indépendance d'un peuple encore digne de ce nom. Il appartenait aux grandes nations de l'Europe, gardiennes du droit des gens, d'intervenir en faveur du faible opprimé contre le puissant qui voulait se faire oppresseur, et de dire à cet empire russe, presque aussi vaste que l'Océan et plus envahissant que lui : « Tu n'iras pas plus loin ! Tu n'iras pas plus loin, non-seulement parce que la justice et la foi des traités s'y opposent, mais parce que l'indépendance et la sécurité de l'Europe entière seraient compromises si tu faisais un pas de plus ! »

Ce n'était donc pas une guerre de don Quichotte que nous allions faire en Orient, et la Turquie en était l'occasion plus encore que la cause. Nous allions y défendre, avec la vieille politique de la France, la dignité et la liberté de toutes les nations de l'Europe ; nous allions, sans le vouloir, et sans le savoir peut-être, défendre mieux encore que cela, l'indépendance de l'Église catholique, menacée par l'envahissement continu du schisme grec.

En effet, si la Russie menace l'Europe comme puissance politique, elle ne menace pas moins l'Église comme puissance religieuse. La foi orthodoxe, comme elle s'intitule, ardente, ambitieuse, unie et comme fondue avec le gouvernement russe lui-même, ne se contente pas de persécuter la vérité catholique à l'intérieur, elle cherche à la persécuter, à la combattre, à l'anéantir au dehors. Elle ne cache pas sa prétention de se substituer un jour à elle, de régner sans rivale à sa place sur l'Église universelle, et de représenter seule dans le monde cette foi du Christ fondée sur Pierre pour l'éternité, et qui, en dehors de Pierre et de ses successeurs, n'est et ne sera jamais qu'erreur et vanité. Or quand une erreur, quelle qu'elle soit, s'appuie sur une force matérielle immense, qui non-seulement la défend mais la propage et veut l'imposer à tout le monde, elle devient un grand danger pour la vérité, et les fils de la vérité doivent s'armer contre elle et la dominer à tout prix ; ils doivent, sinon la détruire, au moins la réduire au silence et à l'impuissance de persécuter.

C'était donc une guerre religieuse et catholique au premier chef que la guerre d'Orient ; c'était la défense de l'Église contre le schisme russe, de la papauté véritable contre cette pa—

pauté des czars, plus odieuse encore qu'elle n'est ridicule ; en un mot, c'était Rome que nous courions défendre à Constantinople, et, par un merveilleux dessein de la divine Providence, en tirant l'épée contre la Russie pour maintenir l'existence de l'empire ottoman, nous ne faisions, en réalité, que poursuivre la grande œuvre des croisades ! Il appartenait à la France catholique, à la fille aînée et bien-aimée de l'Église, de se mettre à la tête de cette grande et sainte entreprise, et d'entraîner l'Europe à sa suite dans cette croisade du dix-neuvième siècle, comme elle l'avait entraînée jadis à la délivrance de la Terre-Sainte. Ainsi, chose étrange et admirable ! l'Angleterre protestante et la Turquie allaient combattre avec la France et sous ses ordres pour l'affranchissement de la foi catholique, et Dieu se servait de l'hérésie et de l'islamisme lui-même pour écarter de son Église le plus grand danger qui pût la menacer dans les temps modernes, tant il est vrai qu'aujourd'hui, comme toujours, « l'homme s'agite et Dieu le mène. »

L'âme française et catholique d'Hélion de Vilneuve comprit tout de suite le caractère sacré de la guerre qui commençait. Digne fils des croisés, fier de compter parmi ses ancêtres un des grands-maîtres de cet ordre de Malte qui porta si longtemps et si fièrement le drapeau de l'Église et celui de la patrie, il tressaillit à l'annonce de cette lutte où son pays et sa foi étaient également intéressés. Sa pensée et son cœur s'élancèrent vers l'Orient, à la suite de nos braves soldats, et dès les premiers préparatifs de guerre, dès le départ de nos premières troupes, dès le premier coup de canon, il sembla, comme le cheval de la Bible, dresser sa tête, frémir d'une ardeur belliqueuse, et, le feu dans les yeux, s'écrier ; « Allons ! » Toutes ses idées de guerre, tous ses goûts militaires, vinrent l'assiéger jour et nuit, et sa vocation, si longtemps refoulée, se dressa devant lui plus ardente et plus entraînante que jamais !

Il chercha d'abord à chasser cette pensée comme une tentation, comme un mauvais rêve ; il tourna ses regards vers sa mère, qui, veuve et n'ayant pas d'autre fils, trouvait en lui le souvenir vivant de l'époux qu'elle avait perdu, le compagnon de sa vie, l'appui de sa vieillesse prochaine, l'orgueil et la joie de sa famille ! Mais la pensée qu'il cherchait à écarter revenait toujours plus forte et plus pressante. Chaque coup de canon tiré en Orient retentissait douloureusement dans son cœur ; le sentiment de joie que la nouvelle de nos succès, du débarquement inespéré de nos troupes en Crimée, de la victoire de l'Alma, faisait naître dans son cœur, était dominé et comme éteint par son amer regret de n'y point avoir pris part. Il rougissait en lui-même, comme d'une lâcheté, de son inaction et de sa vie tranquille à Paris, tandis qu'on se battait en Orient ; il se regardait presque comme un déserteur ou un réfractaire, tant sa vocation était violente, si je puis ainsi parler ; et le sang héroïque qui bouillonnait dans ses veines lui montait du cœur au visage chaque fois qu'on parlait, en sa présence, de celui qui coulait là-bas pour la France et pour l'Église.

Une première fois, au début de la campagne, il avait parlé à sa mère de son désir ardent de s'engager et de partir comme simple soldat pour la Crimée ; mais le chagrin de la pauvre mère avait été tel, sa répulsion si violente, qu'il renonça à son espoir et qu'il se promit à lui-même de ne plus en reparler jamais. Il se ressouvint qu'en d'autres temps, au moment des émeutes de 1848, il avait promis à sa mère de tout sacrifier pour son bonheur, même ce qu'il considérait comme un devoir, et il résolut de tenir parole. Mais sa mère était digne de lui ; elle comprit que, s'il avait dû, en bon fils, lui faire le sacrifice de sa vocation, elle ne devait pas l'accepter. Elle se rappela cette autre parole qu'il lui avait écrite : « Quand on a fait une vilenie, il n'y a plus de bonheur possible en ce monde ! » Et dès lors elle se résolut à le laisser suivre sa vocation et sa destinée, sous la sauvegarde de Dieu, s'il persévérait dans les mêmes sentiments. Lutte mémorable de dévouement et de grandeur d'âme, où l'on ne sait lequel admirer le plus, de l'abnégation du fils qui veut sacrifier le bonheur de sa vie à la piété filiale, ou de celle de la mère, qui se sacrifie elle-même au bonheur de son enfant !

La noble femme ne tarda pas à comprendre

que la vocation de son fils n'était pas un caprice né d'un enthousiasme éphémère, mais qu'elle était réelle, sérieuse, profondément enracinée dans son cœur. Fidèle à l'engagement qu'il avait pris avec lui-même et dont il m'avait confié le secret, jamais il ne lui reparlait de son désir ; mais elle le lisait dans tous ses traits, dans tous ses mouvements, dans tout l'ensemble et tout le détail de sa vie. Il était triste, pensif ; son travail accoutumé le fatiguait et le dégoûtait. On voyait que sa pensée était ailleurs, et la pauvre mère, hélas ! n'avait pas besoin de lui demander où.

Alors, avec l'héroïsme d'une mère chrétienne, elle prit son parti : elle se dit qu'elle ne voulait pas, qu'elle ne devait pas être un obstacle au bonheur de son fils ; qu'en l'empêchant de suivre sa vocation, elle arriverait peut-être à briser son énergie morale, à le rejeter, par la tristesse et par l'ennui, dans l'inconduite qu'il avait si noblement abandonnée, et à compromettre ainsi le salut même de son âme. Elle consulta des hommes graves qui connaissaient son fils et qui connaissaient le cœur humain ;

elle pria, pleura, s'anéantit au pied de la croix; puis, semblable à Blanche de Castille, qui disait à saint Louis : « Mon fils, j'aimerais mieux vous voir mourir que commettre un seul péché mortel ! » elle dit à son fils :

« J'aime mieux te voir partir et mourir, s'il le faut, en Orient, que de te voir rester ici pour moi malgré ta conscience et ta vocation. Si tu crois que ton devoir est de te faire soldat et que c'est bien la volonté de Dieu qui t'appelle sous les drapeaux, engage-toi, pars et va te battre. Mais souviens-toi toujours que je n'ai jamais eu qu'une chose en vue, que je n'ai jamais demandé qu'une chose à Dieu pour toi, c'est le salut de ton âme ! C'est que, si je me résigne aujourd'hui à un sacrifice surhumain, c'est par amour pour ton âme ! Si donc je te donne de moi-même ce consentement que tu n'oses plus me demander, c'est à la condition que tu veilleras sur cette chère âme au salut de laquelle je sacrifie mon bonheur, et que tu n'oublieras jamais quelles larmes elle va me coûter ! »

Hélion de Villeneuve embrassa sa mère avec

autant d'admiration que d'amour ; il la pressa sur son cœur, il la couvrit de caresses et de baisers ; il lui dit qu'elle lui donnait la vie une seconde fois, qu'elle assurait son bonheur en ce monde et dans l'autre en le laissant suivre la voix de sa conscience et de son honneur; il lui avoua que lui aussi croyait le salut de son âme attaché à cette résolution ; qu'en tout cas il n'y aurait plus eu de bonheur pour lui si, en résistant à sa vocation, il eut fait ce qu'il considérait comme une sorte de lâcheté ; enfin, il lui promit d'être toujours fidèle à la foi divine qui lui dictait son sacrifice, d'aimer son âme comme elle l'aimait, de combattre, de vivre, et, s'il le fallait, de mourir en chrétien.

Ce moment solennel décida de la destinée d'Hélion de Villeneuve ; et si, par un dessein mystérieux de la Providence, il abrégea son avenir en ce monde, il assura son avenir éternel. La mère et le fils accomplirent ce jour-là un double sacrifice, digne de la mémoire des hommes et des anges : l'un immolant sa tendresse filiale à l'honneur et au devoir, l'autre immolant son propre bonheur et sacrifiant même en idée la vie terrestre de son fils au salut de son âme immortelle ! On ne peut imaginer un oubli plus grand de soi-même, une absence plus complète de cet égoïsme qui est au fond de presque tous les amours, un plus absolu dévouement ; et, si quelque mère moins chrétienne et moins forte était tentée de trouver le sacrifice excessif et s'en effrayait dans son cœur, je lui dirais, pour lui faire tout comprendre, de méditer le sacrifice de la sainte Vierge Marie, la plus tendre et la plus sainte des mères, se tenant debout au pied de la croix, et regardant mourir Jésus-Christ, son fils et son Dieu ! C'est là, c'est au Calvaire, que se trouve la source intarissable, infinie, de tous les dévouements, de tous les sacrifices, de tous les héroïsmes ! C'est là que les chrétiens puisent la force de se sacrifier, comme Jésus et comme Marie, au delà des limites mêmes de la nature !

C'était au mois de mars 1855 ; le siége de Sébastopol se prolongeait au delà de toutes les prévisions, et l'expédition de Crimée prenait des proportions chaque jour plus considérables. De nouveaux régiments partaient incessamment de Marseille et de Toulon pour Constantinople. L'Empereur, qui avait conçu le plan de cette expédition et qui avait assigné la Crimée pour l'unique champ de bataille de cette grande guerre ; l'Empereur, dis-je, voulut que sa garde, nouvellement formée, reçût le baptême du feu et prît sa part dans la gloire de cette lutte ; il en fit donc embarquer successivement tous les régiments. Déjà l'infanterie presque tout entière avait quitté la France : c'était au tour de la cavalerie. L'Empereur avait, dit-on, résolu d'aller prendre en personne le commandement du siége, et le brave régiment des guides, tout frémissant d'impatience, était désigné pour l'accompagner en Orient.

Déjà la semaine, le jour même du départ, étaient fixés, et, huit jours avant cette époque, qui paraissait certaine, Hélion de Villeneuve, sûr de trouver dans les guides de braves camarades et des chefs bienveillants, mit son projet à exécution. Il s'engagea dans ce régiment comme simple soldat, et, malgré son chagrin de quitter pour la première fois et pour longtemps la maison maternelle, ce fut avec une grande joie qu'il endossa cet uniforme militaire, objet de tous ses désirs et de toute son affection. Dès le premier jour de son entrée au régiment, il se mit au métier avec un entrain et une gaieté sans pareils, accomplissant sans murmure et sans ennui les devoirs les plus durs et les plus pénibles du soldat, étonnant par son aptitude et sa bonne humeur les plus vieux troupiers du régiment. Aussi fut-il de prime abord aimé de tout le monde, selon sa coutume : ses chefs, qui, en dehors du service, étaient ses compagnons et ses amis, et qui avaient tous admiré sa résolution héroïque, l'estimèrent et l'admirèrent davantage encore quand ils virent de quelle manière il la mettait à exécution. Ses camarades, avec lesquels il se montra affable, gai et sans façon, se mirent à l'adorer, et le lui témoignèrent par mille preuves d'affection simples et naïves, dont il était si touché, qu'il en parlait presque les larmes aux yeux. Enfin, les plus augustes suffrages ne lui manquèrent pas, et tout ce qui porte l'uniforme militaire le félicita énergiquement de sa noble détermination et du grand exemple qu'il donnait à la jeunesse française.

Grand exemple, en effet, et que plusieurs peut-être, plus libres, plus jeunes et plus désœuvrés que lui, auraient bien fait de suivre. Car, en dehors et au-dessus même des services civils, c'est par le sang versé sur les champs de bataille que les grandes races se sont formées et maintenues ; c'est le sang donné pour la patrie qui féconde ce grand arbre de la noblesse, qui lui fait pousser des rameaux vigoureux et des racines profondes, et porter des fleurs et des fruits précieux pour le temps et pour l'éternité. Le jour où la noblesse laisse les batailles se livrer sans y prendre sa part, elle compromet son avenir et sa force ; car c'est surtout au jour des combats que *noblesse oblige*, et toute victoire gagnée sans elle est une victoire gagnée contre elle !

Voilà ce qu'Hélion de Villeneuve avait compris et senti avec toute l'énergie d'un grand cœur et d'une forte race ! Voilà, grâce à Dieu, ce que beaucoup d'autres comprirent et sentirent comme lui, et certes, rien qu'à relire la nécrologie ou pour mieux dire le martyrologe de la guerre d'Orient, on trouve à chaque instant de nobles et douloureuses preuves de la part que prirent à cette nouvelle croisade les héritiers des grands noms de France ! Néanmoins les engagements volontaires des jeunes gens du monde furent trop rares peut-être, et le grand exemple d'Hélion de Villeneuve trouva, je crois, peu d'imitateurs. On fit plus que de ne pas l'imiter, on le blâma, on le traita d'insensé ; le monde, qui n'est que vanité, et auquel l'égoïsme est si naturel, qu'il ne peut même comprendre le dévouement ; le monde inventa je ne sais quels motifs secrets et romanesques pour expliquer une résolution que ses ancêtres n'auraient pas même admirée, tant ils l'eussent trouvée naturelle. Rien enfin ne manqua à son sacrifice, pas même le chagrin de le voir méconnu.

Mais sa résolution était prise ; les blâmes et les critiques ne la changèrent pas ; ils ne firent même qu'effleurer son âme et y laissèrent au fond toute la joie que cause aux grands cœurs le sentiment du devoir accompli. C'est ainsi qu'à ce moment même il écrivait à sa mère :

« Pour bien jouir du présent, il ne faut pas avoir la conscience qu'on a manqué sa vie, que l'on n'a jamais été bon à rien et qu'on ne le sera jamais. Il y a des gens qui se moquent de ce sentiment-là, ou plutôt qui ne l'ont pas, et qui sont fort heureux à condition de ne rien faire et de bien manger et bien boire. Mais je ne suis pas de ceux-là, et tu peux te dire, ma bonne mère, que tu fais mon bonheur en me laissant essayer un peu ce que je puis valoir... » Et, pour la rassurer, il ajoutait : « ... On commence à croire que la campagne sera finie pour l'hiver et la paix faite d'une façon ou d'une autre. S'il en était ainsi, ce serait bien beau. Aller faire un beau voyage, un petit bout de guerre, avoir peut-être la croix, puis après cinq ou six mois revenir pour rester ensemble et n'avoir plus de préoccupations ni de regrets ! »

Telles étaient ses dispositions et ses espérances, quand on sut que l'Empereur, comprenant la nécessité de sa présence à Paris, se résignait à abandonner son projet de voyage en Crimée, et que le départ des guides était indéfiniment ajourné. Dans cette situation, Hélion de Villeneuve n'avait évidemment qu'une chose à faire : il ne s'était pas engagé à vingt-huit ans, il n'avait pas quitté une brillante carrière pour rester à balayer les écuries de l'École militaire et promener dans les rues de Paris son uniforme de simple soldat. Sa mère le comprit comme lui et consentit à le laisser changer de régiment, comme elle avait consenti à le laisser s'engager. Le 1er chasseurs d'Afrique était alors en Crimée ; Hélion de Villeneuve obtint sans peine son incorporation dans ce régiment, avec le privilége d'entrer de suite dans un des escadrons de guerre, sans passer d'abord par le dépôt, selon les règlements.

Une fois ce point décidé, il mit ordre à ses affaires temporelles et spirituelles ; et, prévoyant que peut-être il ne reviendrait pas de cette terre d'Orient, où l'entraînaient pourtant tous ses désirs, il écrivit son testament en ces termes :

« Au moment de partir pour une expédition dont il est possible que je ne revienne pas, je me considère comme en danger de mort, et je fais ici mon testament.

« Je meurs en bon chrétien, comme j'ai toujours tâché de vivre. Je remercie ma bonne et excellente mère du bonheur qu'elle m'a toujours donné, et lui demande pardon des chagrins que j'ai pu lui causer. Je lui laisse tout ce que je possède, en lui demandant de donner un souvenir de moi à mes sœurs... »

Après quelques dispositions en faveur de ses meilleurs amis, il ajoute :

« Je prie ma bonne mère de donner aux pauvres l'argent qui se trouve à moi chez M. S***, moitié à Nancy, moitié à Bargemont, demandant à ceux qui en profiteront de prier pour moi.

« Au nom du Père, et du Fils, et du Saint-Esprit. Amen.

« Signé : HÉLION DE VILLENEUVE-TRANS.

« Paris, le 28 mai 1855. »

Après avoir exprimé ses dernières volontés d'une façon si touchante, si simple et si calme en même temps, il fallut se décider à partir. Le moment, le cruel moment des adieux était arrivé. Certes, il est toujours pénible de quitter ceux qu'on aime, alors même que l'absence ne doit être ni longue ni périlleuse, alors qu'on part pour un court et joyeux voyage. Mais, quand on se quitte pour un temps indéterminé ; quand celui qui part va braver des dangers sans nombre ; quand, enfin, l'adieu qu'on se dit est peut-être le dernier adieu, et l'embrassement du départ l'embrassement suprême, alors le cœur se brise véritablement, et la séparation de deux cœurs qui s'aiment est bien l'image du déchirement de la mort.

Aussi n'essayerai-je pas de rendre les angoisses du fils et de la mère au moment de ce fatal départ, que ne devait suivre aucun retour. A ce moment suprême, l'âme si tendre d'Hélion de Villeneuve fléchit sous le poids de la douleur ; peut-être eut-il un instant de regret, et, quoiqu'il fût trop tard pour reculer, son cœur se serait brisé, si sa mère, la mort dans l'âme, mais le courage sur les lèvres et dans les yeux, ne l'eût soutenu et ranimé par sa propre énergie. Elle eut la force de le conduire jusqu'à la gare du chemin de fer de Lyon, jusqu'à la portière de la voiture qui devait l'emmener ; puis, quand le dernier baiser eut été échangé, quand son fils eut disparu à ses yeux avec le convoi qui l'emportait, elle revint seule et baignée de larmes, mais toujours forte et dévouée, consoler sa fille, plus faible et non moins désolée qu'elle-même.

CHAPITRE V.

Le déchirement de la séparation laissa dans l'âme d'Hélion de Villeneuve une douleur qui le dominait encore quand il arriva à Marseille. Peut-être eut-il pour la première fois un pressentiment de la fin qui l'attendait en Crimée. — « C'est un rude moment, écrivait-il de Marseille, que celui où l'on quitte tous ceux que l'on aime, sans savoir si l'on reviendra jamais ! On peut me dire avec raison que rien ne m'y forçait et que j'aurais tort de me plaindre ; aussi je ne me plains pas ; seulement je dis que c'est dur. »

— « J'avais le cœur bien gros, écrivait-il encore, mon excellente mère, en partant l'autre soir. Jamais je ne pourrai te remercier assez du courage que tu as eu. Si tu n'en avais pas montré, je n'aurais pu en avoir moi-même, et j'aurais été au désespoir. Cependant il faut se dominer, car tout ne sera pas rose pour moi ; mais, avec le cœur tranquille, on a de l'énergie... Sois tranquille *sur tout ce que tu m'as recommandé ;* je n'oublierai rien et suis trop reconnaissant de ce que tu as fait, pour ne pas faire moi-même tout ce que tu veux... Je ne puis pas te dire que je t'aimerai davantage pour ce que tu viens de faire, c'est impossible ; mais je t'en remercie de toute mon âme... »

Cependant les préparatifs du départ, la vue des troupes qui s'embarquaient, des soldats et des officiers qui revenaient en convalescence, tout ce mouvement et ce travail d'un grand port de mer, dissipèrent peu à peu ses idées noires, qui firent place à des idées plus riantes. La tristesse, d'ailleurs, était si incompatible avec son heureux caractère, qu'elle ne pouvait séjourner longtemps dans son âme. Il s'embarqua le lundi 4 juin, et, après avoir jeté un dernier regard sur la terre de France, un dernier baiser du cœur à sa mère et à sa famille, il se tourna tout entier du côté de l'Orient et fixa ses yeux avec une ardeur impatiente sur cet avenir de campagnes et de guerre, si longtemps caressé comme un rêve, et qui allait se changer pour lui en réalité.

La traversée fut belle et pleine d'intérêt. C'est par des extraits de ses lettres à sa mère que je raconterai désormais ses impressions et sa vie depuis le moment où il s'embarqua jusqu'à celui où d'autres, hélas ! durent écrire à sa place. C'est une correspondance simple, aimable, pleine de gaieté et de cœur, qui le peindra au naturel mieux que tout ce que je pourrais dire.

— « Nous voici à Messine, mon excellente mère, écrivait-il le 7 juin, avec un temps superbe et la meilleure traversée du monde. Je n'ai pas été malade un seul instant : tu juges si je me trouve bien, moi qui aime tant la mer ! Nous avons à bord vingt sœurs de Saint-Vincent de Paul et un bon père lazariste, tous allant à Constantinople. Il y a beaucoup de soldats, et c'est vraiment touchant de voir comme les sœurs sont bonnes pour eux ; le soir elles chantent leurs prières sur le pont... Je me porte mieux que jamais ; tous les officiers que je rencontre sont charmants pour moi ; tout s'annonce à merveille, et, si je ne te savais inquiète, je serais parfaitement heureux. Soigne-toi donc bien et tourmente-toi le moins possible... »

Le 13 juin, il écrit de Constantinople, toujours joyeux et plein d'espérance :

« Je n'ai qu'une minute à moi, mon excellente mère ; je suis arrivé hier soir et pars dans un moment pour Kamiesch : il m'a fallu courir tout ce temps-là. Je vais on ne peut mieux, il fait superbe : je t'aime et t'embrasse de toute mon âme. »

Le 17, il posa le pied sur cette terre de Crimée qu'il ne devait plus quitter vivant. La lettre par laquelle il annonce à sa mère son arrivée est pleine de joie et d'ardeur ; c'est une vraie prise de possession.

« Enfin, ma bonne mère, s'écrie-t-il, me voici arrivé au comble de mes désirs, et tu serais heureuse si tu voyais comme je suis content. Mon Dieu ! que tout ceci est beau et intéressant ! Sauf une bataille que je ne verrai probablement pas, car nous sommes ici trop loin de l'endroit où l'on se bat, à quatre lieues au moins de Sébastopol, j'ai vu tout et passé partout. J'ai débarqué avant-hier : alors a commencé un peu de misères ; j'ai pris mes bagages sur mon dos et me suis dirigé pédestrement vers mon camp, qui est à six lieues de Kamiesch. Il faisait chaud, et j'avoue que je trouvais la route longue, lorsque, près d'arriver, j'ai rencontré l'officier d'artillerie auquel tu sais que j'apportais de l'argent. Il a été parfait pour moi, m'a fait entrer dans sa tente, où il m'a donné une soupe à l'oignon que je me rappellerai longtemps ; je ne crois pas de ma vie avoir mangé rien de meilleur ; puis il m'a prêté un cheval, sur lequel j'ai fait une entrée triomphale au camp.

« Mes lettres ont fait merveille : le colonel m'a fait donner de suite armes et cheval, et m'a mis dans le troisième escadron. Je mène une vie charmante : le général Forey m'a invité à dîner ; aujourd'hui c'est un commandant ; enfin c'est à qui me fera amitié.

« Je suis dans une petite tente où l'on ne peut entrer qu'à quatre pattes, mais où j'ai dormi supérieurement entre les deux camarades auxquels je suis associé. Ils ont de bonnes figures tous les deux, et on ne serait pas aise de les rencontrer le soir ; mais ils sont fort bons diables et se réjouissent fort de mon arrivée, qui va améliorer leur *ordinaire*. Nous avons d'excellentes couvertures dans lesquelles on dort très-bien et à l'abri de tout, je t'assure. Tu rirais bien en me voyant couché entre ces deux gaillards-là.

« Nous faisons nous-mêmes notre cuisine, et à la cantine on trouve tout ce que l'on veut. Seulement c'est diablement gênant d'écrire ; je le fais à plat-ventre, et ce n'est pas commode. L'endroit où nous sommes est charmant : cette partie de la Crimée est un peu boisée et très-pittoresque ; nous sommes au bord de la Tchernaïa, où j'ai lavé mon linge hier.

« Ce matin, à trois heures, toute la cavalerie est venue se placer près de nous : c'était un beau spectacle que celui-là, et qui seul vaudrait le voyage. Il y a deux régiments de hussards, deux de dragons, deux de cuirassiers et toute l'armée piémontaise. Le temps est magnifique, et tout est d'une propreté à laquelle j'étais loin de m'attendre. Tout le monde va bien, et l'on est si tranquille, que j'ai peine à me figurer que je sois à une vraie guerre : il me semble que c'est un camp de manœuvres. Il paraît qu'on a bien souffert cet hiver, mais à présent c'est une vraie partie de plaisir.

« Quand nous sommes arrivés, nous avons dû coucher à bord, on ne débarque pas le soir, et nous avons vu toute la nuit les bombes et les obus que l'on tirait : c'était bien beau !

« ... J'ai déjà fait connaissance avec l'aumônier de la marine : il a connu *** à l'Œuvre des soldats ; sois donc tranquille..... »

Le 22 juin, il écrivait :

« Que tes lettres m'ont rendu heureux, mon excellente mère ! Je t'en remercie de tout mon cœur ; la distance et la vie que je mène me les rendent bien plus précieuses encore : aussi écris-moi par chaque courrier.... Quant à m'envoyer des provisions, ce serait bien inutile ; je ne saurais littéralement où les mettre ; et puis il faudrait nourrir les braves camarades avec lesquels je vis, et ils sont nombreux.

« Voilà huit jours que je suis ici ; et cette existence fort singulière ne me déplaît pas. Seulement on n'a rien à faire que les choses ennuyeuses du métier, c'est-à-dire les corvées de toute espèce, la cuisine, le pansage, mener boire les chevaux, etc. ; mais pas le plus petit combat ! Deux fois on nous a fait prendre les armes, et nous avons été faire des reconnaissances dans les environs ; mais ces promenades sont absolument comme celles que nous faisions à Paris ; toutes les troupes campées de ce côté en sont au même point.

« A part cela, je suis très-bien ; le pays est superbe ; des montagnes, de l'eau et des bois. Le soleil est bien un peu chaud, mais je m'y habitue : il n'y a que mon nez qui est devenu de la couleur de mon pantalon ; ce que je te disais des bois se rapporte aux environs ; nous sommes campés dans une grande plaine où il n'y a pas un pouce d'ombre. Tout le monde est excellent pour moi, et l'on m'invite très-souvent à dîner, j'avoue que c'est la politesse à laquelle je suis le plus sensible : la cuisine que font les soldats est assez médiocre, il faut le reconnaître, et cette vie entièrement au grand air donne un appétit féroce.... Seulement il est certain que je n'ai aucune chance d'avancement : personne n'y peut rien ; on me témoigne la plus grande affection, je suis ici comme j'étais aux guides, mais il n'y a pas de place....

« ..... Voici la vie que l'on mène ici. On s'éveille vers trois heures et on se lève, ce qui est fort simple, on n'a qu'à se mettre debout. A quatre heures, on mène les chevaux boire ; après on les panse ; puis on prend du café : ensuite on se chauffe au soleil jusqu'à trois heures de l'après-midi ; on fait de nouveau boire les chevaux, puis on dîne, et à la nuit chacun se couche. C'est comme cela tous les jours, et l'on ne sait rien de ce qui se passe à Sébastopol : c'est l'autre jour seulement que nous avons su qu'on avait tenté une attaque malheureuse !... »

— « Je voulais attendre ta lettre pour t'écrire, ma bonne mère, écrivait-il encore le 29 juin ; mais on ne nous a pas distribué le courrier et, comme j'ai le temps de t'écrire en ce moment, j'en profite. J'espère avoir ta lettre ce soir ou demain, et je m'en réjouis bien. Je pense toujours à toi, mon excellente mère, et, à force de vivre dans le calme absolu où nous sommes, il ne me paraît pas possible que tu sois tourmentée. Cependant tu ne me vois pas ; si tu pouvais seulement passer un quart d'heure ici, tu serais bien rassurée. C'est monotone à force d'être tranquille. Depuis que je suis ici, il y a quinze jours aujourd'hui, nous ne sommes montés à cheval qu'une seule fois, et encore, comme je te l'ai dit, n'avons-nous rien vu. Le temps se passe donc à s'ennuyer. Je me crois tout à fait à la campagne : par exemple, le genre de vie est drôle, ce n'est pas confortable, mais au moins il n'y a pas de cérémonies. Je me porte à merveille ; cette existence me convient bien..... Il y a dans le camp toute une ménagerie, entre autres un mouton qui mange à table : il y a aussi beaucoup de chiens avec lesquels je me lie toujours en pensant à *Pampan*. Du reste, c'est incroyable comme on sait peu de chose. Au point où nous sommes établis, on s'occupe assurément moins de Sébastopol qu'à Paris. Franchement, si la campagne se borne à cela, il n'y a pas grand mérite à la faire.

« .... Sans avoir grand'chose à faire, j'ai cependant peu de temps, et puis c'est bien gênant d'écrire par terre, au grand soleil, et littéralement dévoré de mouches. Le dimanche, à onze heures, il y a la messe au camp : c'est bien touchant ! On la dit sous une petite tente : c'est un cuirassier qui faisait l'enfant de chœur....

« .... Adieu, ma bonne mère, je ne puis que te répéter que je te remercie de tout mon cœur de m'avoir laissé venir, que je pense toujours à toi, et que je t'aime bien tendrement. Écris-moi souvent, toi qui peux le faire sur une table et sans mouches !... »

Quand il écrivait cette dernière lettre, Hélion de Villeneuve était encore aux chasseurs d'Afrique ; mais déjà il avait résolu de changer de corps afin d'arriver à ce champ de bataille si désiré qui semblait fuir devant ses pas à mesure qu'il s'en rapprochait. Le jour où la cavalerie devait entrer sérieusement en campagne n'était pas encore arrivé ; son rôle véritable ne devait commencer qu'après la prise de Sébastopol, et l'impatience qui dévorait l'âme d'Hélion de Villeneuve ne lui permettait pas d'attendre jusque-là. Néanmoins une pensée l'arrêtait la crainte de tourmenter sa mère, dont l'inquiétude deviendrait affreuse quand elle le saurait exposé chaque jour au feu de l'ennemi. Il résolut donc, tout en acceptant les propositions qui lui étaient faites, de passer dans les zouaves, de cacher à sa pauvre mère ce changement de corps, qui devait être, hélas ! le dernier, et il ne confia son secret qu'au général de Montebello, son parent, auquel il écrivit le 2 juillet la lettre suivante :

« .... Je suis caporal depuis hier (c'est un secret que je ne confie qu'à vous), caporal au 3e zouaves. Peu de jours après mon arrivée au 1er chasseurs, le général ***, qui m'avait reçu avec beaucoup de bonté, m'a fait appeler et m'a dit que j'avais fait une maladresse en arrivant ici dans les chasseurs ; que la cavalerie ne ferait rien de longtemps, et que, fît-elle quelque chose, je n'y gagnerais rien pour l'avancement, beaucoup d'autres plus anciens devant passer avant moi. — Maintenant, m'a-t-il dit, je connais beaucoup le colonel du 3e zouaves. Il n'a personne dans son régiment, et vous nommera caporal de suite : dans un mois peut-être vous serez sergent, et s'il y a quelque affaire, vous pouvez être officier à la fin de l'année : or les occasions ne manqueront pas. Si cela vous convient, je me charge de tout; seulement je ne prends pas la responsabilité de vous y engager; pensez-y et décidez-vous. — Vous concevez que la réflexion n'a pas duré longtemps : j'ai accepté tout de suite, à condition que personne n'en saurait rien en France, parce que cela inquiéterait davantage ma bonne mère. Il est donc convenu que mes lettres me seront toujours adressées au 1er chasseurs, et de là me seront renvoyées au 3e zouaves. Du reste, les deux régiments sont voisins en ce moment; mon régiment ne va pas au siége, je ne sais pourquoi. Me voilà donc habillé en Turc avec deux beaux galons rouges! Vous ne me reconnaîtriez pas avec la tête rasée et un turban. J'ai bien fait, n'est-ce pas? J'aurais bien voulu vous consulter avant, mais c'était impossible. Matériellement, je suis beaucoup mieux, je travaille comme adjudant au fourrier; je couche avec ce même fourrier, qui est fort propre et bien plus agréable dans l'intimité que les six chasseurs avec lesquels je cohabitais : je mange avec les sous-officiers. Je regrette seulement de ne pouvoir dire à ma mère que je suis caporal, je me borne à lui dire que je suis beaucoup mieux : le 3e zouaves fait partie du deuxième corps, général Bosquet.... »

Le jour même où il écrivait cette lettre au général de Montebello, il écrivait à sa mère :

« J'ai reçu tes deux bonnes lettres, mon excellente mère, et je t'en remercie de tout mon cœur : après ce que tu m'as laissé faire, le plus grand bonheur que tu puisses me donner est de te bien soigner et de me le dire souvent.... Depuis ma dernière lettre, je suis beaucoup mieux matériellement : je travaille avec le fourrier, ce qui fait qu'aujourd'hui je t'écris sur une table que, du reste, j'ai fabriquée moi-même, au grand étonnement de mes chefs, qui ne me croyaient que des aptitudes diplomatiques. Je mange avec les sous-officiers..... C'est incroyable comme on devient gourmand ! Il y a des jours où je ferais des bassesses pour avoir un peu de pommes de terre. Le fond des comestibles ici est le haricot : souvent il y a du riz, et, comme les camarades ne l'aiment pas, je m'en donne à mon aise. Je me porte mieux que jamais, et, si tu me voyais à présent, tu ne me reconnaîtrais pas ! Seulement je ne pourrai plus coucher dans un lit ; je suis sûr qu'à mon retour je serai forcé de coucher par terre, à côté de *Pampan*. J'ai fait connaissance avec un nouvel animal ; c'est un honnête chameau que l'on a pris aux Russes, et qui se promène toute la journée au camp ; il est très-débonnaire. Le revers de la médaille, c'est que l'on ne se bat pas, et qu'il n'y a aucune raison pour que cela arrive. Enfin, ce n'est pas ma faute, et j'en prends mon parti. »

— « Je ne sais pas ce que l'on fait au siége ; dans notre petit coin, nous sommes le calme même. A neuf heures, tout le monde ronfle ; mais aussi, à quatre heures du matin, tout le monde a déjeûné. Je pense que tu ne me reprocheras plus de me lever tard, ni de lire le soir dans mon lit.....

« ..... Mon plus grand bonheur est de relire tes lettres : je les ai toujours sur moi, et de temps en temps je vais un peu à l'écart, et là, je les relis tranquillement..... Nous continuons à avoir un temps superbe, l'air est excellent, trop vif même, car il creuse l'estomac : il n'y a pas de malades dans notre camp. Tu sais que lord Raglan est mort; je n'ai pas entendu nommer son successeur..... »

— Je transcris un peu longuement peut-être cette correspondance, parce que, outre l'aimable gaieté qu'elle respire, elle fait connaître quelle a été la vie de chaque jour d'une partie de nos braves soldats pendant la durée de cette immortelle campagne de Crimée.

Le 6 juillet, Hélion de Villeneuve écrit toujours avec la même gaieté confiante :

« ..... J'ai eu ce matin ta bonne lettre du 22, et je ne puis trop te remercier de ton exactitude. Ne sois pas triste, mon excellente mère, je suis aussi heureux que possible ; je me porte à merveille et n'ai qu'un regret, c'est de voir que la guerre finisse sans que j'aie eu l'occasion de voir la moindre bataille..... »

Et le 10 juillet :

« Ta dernière lettre était triste, ma bonne

mère, et m'a fait de la peine; je voudrais que tu visses comment je suis ici : je t'assure qu'alors tu n'aurais pas de chagrins. Cette vie me fait un bien incroyable ; je mange n'importe quoi avec le même appétit; je dors par terre mieux que sur mon lit, et je n'ai plus de fatigue ni de courbature comme la moindre chose m'en donnait à Paris ; enfin, tu ne me reconnaîtrais pas !.... On doit me présenter aujourd'hui au général Bosquet..... En ce moment, il est six heures du matin, nous avons déjà fait la manœuvre ; le soleil est magnifique et la plaine où nous sommes fait un bien bel effet. Si seulement tu pouvais me voir, ma bonne mère, tu ne serais plus inquiète, au contraire, tu serais contente de me voir si heureux..... »

Ce fut peu de temps après avoir écrit cette lettre qu'Hélion de Villeneuve fut nommé sous-officier, adjudant de tranchée, et chargé, en cette qualité, d'une des fonctions les plus périlleuses du siége. Sans cesse dans la tranchée, il fut désormais exposé continuellement au feu des Russes ; il se trouva au premier rang, au poste qu'il avait le plus ambitionné, au plus dangereux, et c'est alors que son âme guerrière se manifesta dans toute son énergie. Au milieu des balles et de la mitraille, son front rayonnait, son cœur était inondé de joie : « Que je suis heureux à la tranchée, disait-il au brave général qui avait facilité son entrée dans les zouaves : il ne se tire pas une seule balle que je ne sois là ! »

Les soldats, même les plus intrépides, qui vont au feu pour la première fois, baissent involontairement la tête quand le tonnerre des balles et des boulets fait trembler l'air autour d'eux. Lui tint la tête haute dès le premier coup de canon, et à chaque nouvelle bordée de mitraille il relevait le front au lieu de le courber. Durant les quelques jours qu'il passa ainsi dans la tranchée, il montra l'âme d'un héros, et s'attira l'estime et l'admiration universelles. Les généraux comme les simples soldats lui témoignaient publiquement leur sympathie ; ils s'étonnaient de trouver dans ce brillant jeune homme du monde, élevé jusqu'à vingt-huit ans au milieu de toutes les délicatesses du luxe, cet oubli complet de toute recherche matérielle, cette facilité à supporter les plus rudes corvées, la vie la plus pénible, et, pour tout dire, cet amour du danger qui avait toujours été sa passion dominante, mais que le monde ne lui connaissait pas. Ils l'entouraient de marques d'affection et lui présageaient le plus brillant et le plus rapide avancement.

Le général Canrobert, parcourant un jour la tranchée, le rencontra sur son chemin au moment où il revenait de porter un ordre. Hélion de Villeneuve, qui l'avait connu à Paris, s'approcha de lui et le salua. Le général, étonné de se voir ainsi abordé par un sous-officier inconnu, lui demanda ce qu'il lui voulait ; il ne pouvait reconnaître dans ce sergent de zouaves, sous les murs de Sébastopol, le brillant jeune homme qu'il avait laissé et qu'il croyait encore peut-être dans les salons de Paris. Villeneuve se fit connaître, et raconta en quelques mots l'histoire de son engagement. Le général Canrobert, bien fait pour comprendre l'héroïsme d'un pareil dévouement, lui tendit la main, l'embrassa et l'emmena sur-le-champ dans sa tente, où il le fit dîner à sa table avec tout son état-major. Depuis ce jour, il le combla de marques de bienveillance et d'amitié, et le traita comme un enfant privilégié au milieu de cette grande famille de soldats dont il était l'idole et le père.

Un officier revenu de Crimée a raconté aux amis d'Hélion de Villeneuve un trait aussi magnanime que touchant, où son âme grande et bonne se montre tout entière. Il était de service dans la tranchée ; le feu de l'ennemi tonnait avec violence. Un soldat, qui s'était avancé imprudemment sur un point ouvert sans défense aux balles des Russes, tomba mortellement blessé. Dans les douleurs de l'agonie, il se tourna vers ses camarades et s'écria d'une voix mourante : « Personne ne viendra-t-il me serrer la main avant que je meure ? » Villeneuve l'entend, s'élance vers lui au milieu d'une horrible mitraille, et serre dans ses mains la main du pauvre soldat, qui meurt consolé par cette étreinte suprême. Aumône sublime d'une poignée de mains, qui fut plus précieuse sans doute devant le Seigneur que celle des plus riches trésors, et que Dieu récompensa bientôt par le don de la vie éternelle !

Cependant Villeneuve continuait à cacher à sa mère et son changement de corps et les dangers qu'il courait. Le lundi 16 juillet, il lui écrivait :

« Je suis détaché à l'état-major du deuxième corps ; il m'est arrivé des choses superbes ! je suis sous-officier, et cela sans avoir été à la moindre affaire. Si cela continue, je ne sais ce que je puis devenir sans courir aucun risque. Il faut avouer que j'ai de la chance ! chacun me fait le meilleur accueil : j'ai dîné chez le général Espinasse, chez le général Canrobert et chez le général de Saint-Pol... A présent j'ai une position délicieuse. Inutile d'ajouter que je me porte mieux que jamais..... »

Et le lendemain, mardi 17 juillet, il envoyait à sa mère par le même courrier, ces quelques lignes, les dernières qu'il écrivit avant la blessure qui amena sa mort :

« Je n'ai pas encore reçu de lettre de toi, ma bonne mère ; je commence à attendre de tes nouvelles bien impatiemment. Hier soir, j'ai encore vu le général Canrobert ; maintenant je vais monter la garde près du général Pondevès.

Adieu, ma bonne mère. Je t'aime de toute mon âme. »

Quand sa mère reçut ces deux lettres, il n'était déjà plus. Le dimanche suivant, 22 juillet, il partit le soir pour la tranchée avec le général Vinoy, qu'il accompagnait, pour porter des ordres, s'il y avait lieu. Ce même jour-là, se rappelant sans doute que le lendemain était l'anniversaire de la naissance de sa mère, il s'était confessé, afin de fèter cette journée en chrétien, comme il la fêtait toujours à Paris. Ainsi ses habitudes de piété s'étaient conservées toutes vivantes au milieu même de l'agitation et de l'enivrement du champ de bataille, et sur la terre de Crimée, dans toute la force de l'âge et de la volonté, il retrempait son âme avec amour dans les sacrements divins qui avaient nourri et fortifié son heureuse et paisible enfance.

Par une sorte de pressentiment, le général Espinasse, qui lui portait un extrême intérêt, voulut le retenir près de lui ce soir-là ; mais Villeneuve lui répondit : « Mon général, il faut que je gagne les galons de sous-officier que je porte. » Et il partit. Il trouvait, sans doute, le noble jeune homme, qu'il ne les avait pas encore suffisamment mérités ; et cependant ses chefs ne pensaient pas ainsi, car déjà il était porté pour la croix, et, s'il eût vécu quelques heures de plus, il serait mort chevalier de la Légion d'honneur.

Il arriva à la tranchée vers six heures du soir. Le feu de l'ennemi était terrible et multipliait au loin les blessures et la mort. Vers onze heures, le général Vinoy, voyant que l'artillerie russe redoublait de violence, envoya son aide de camp chercher des renforts. Villeneuve, qui se trouvait là, prit à côté du général la place de cet officier absent. Quelques minutes après, une épouvantable décharge de mitraille s'abattit comme la foudre sur la tranchée, qu'elle enveloppa comme un ouragan de feu. Les cris des blessés et des mourants répondirent à cette horrible explosion.

Au milieu de ces gémissements, le général Vinoy, demeuré seul intact et debout, en distingua un plus déchirant que les autres, parce qu'il semblait partir du fond de l'âme : c'était

Hélion de Villeneuve qui venait de tomber en s'écriant : « Ah ! ma mère ! »

Le général se pencha vers lui et le vit tout sanglant. Il lui demanda où il était blessé ; Villeneuve lui dit que c'était au visage. En effet, un biscaïen l'avait atteint au menton et lui avait fracassé la mâchoire inférieure. Le général Vinoy essaya de le rassurer sur la gravité de sa blessure, lui dit qu'il venait de gagner ses épaulettes d'officier, et le fit transporter par des soldats à l'ambulance la plus voisine, en recommandant qu'on prît de lui un soin tout particulier. Les soldats revinrent peu de temps après, et dirent au général que les médecins avaient fait le premier pansement, et qu'ils ne croyaient point sa blessure dangereuse. Ils ajoutèrent que le blessé venait de partir pour l'ambulance de la deuxième division du deuxième corps, où il trouverait des soins plus complets et plus faciles.

Il lui fallut, en effet, subir ce nouveau trajet de plus de deux lieues, qui le fit cruellement souffrir, et il arriva à l'ambulance, où l'attendaient de nouvelles souffrances et la mort. Sa mâchoire était tellement brisée, que les médecins jugèrent une opération nécessaire. L'héroïque jeune homme se remit entre leurs mains, et leur dit qu'ils pouvaient commencer ; mais auparavant il avait demandé qu'on prévînt l'aumônier et qu'on le lui amenât le plus tôt possible.

L'opération fut aussi horrible que longue. Durant tout le temps de ce martyre, Villeneuve ne poussa pas un cri, ne fit pas entendre une plainte ; les yeux levés au ciel, l'âme étroitement unie à celle du Sauveur, il pensait à Dieu, il pensait au Calvaire, et il offrait au Seigneur Jésus-Christ, mort sur la croix pour les péchés du monde, ses horribles souffrances en expiation de ses fautes. Terrible expiation, en effet, qui acheva de purifier par le sang son âme déjà purifiée dans les larmes de la pénitence et du sacrifice, etqui lui ouvrit les portes du ciel !

Le digne aumônier qu'il avait fait appeler, l'abbé G'Stalter, arriva près de lui au milieu de l'opération : il était pâle et sanglant entre les mains des chirurgiens, mais calme et plein de courage. De temps à autre, il faisait un signe de croix et prononçait avec amour le nom de sa mère et celui du divin Sauveur! Les soldats qui étaient avec lui à l'ambulance le considéraient avec admiration et attendrissement.

Les uns disaient dans leur langage militaire: « C'est un crâne! » D'autres murmuraient en s'essuyant les yeux : « Comme le zouave aime sa mère! »

En voyant approcher le prêtre de Jésus-Christ, le patient lui tendit la main, lui fit des signes d'amitié et essaya d'articuler quelques paroles, que sa blessure rendait bien difficiles à comprendre. Cependant, quand l'opération fut terminée et qu'il fut seul avec l'aumônier, il put parler, quoique avec effort. Le bon prêtre lui prodigua les secours de son ministère ; mais il avait bien peu de chose à faire pour lui aplanir la voie du ciel ; car, ainsi que je l'ai dit plus haut, Hélion de Villeneuve s'était confessé la veille ; d'un autre côté, les médecins avaient tous déclaré que sa blessure n'offrait aucun danger pour sa vie, et que la guérison serait même rapide : il n'y avait donc pas lieu de lui administrer les derniers sacrements de l'Église.

Il demanda du papier, une plume et de l'encre, que l'aumônier lui fit apporter, et il écrivit à sa mère d'une main tremblante, mais d'un cœur ferme, cette lettre suprême dont la gaieté apparente est un acte admirable d'héroïsme et de dévouement filial :

« Ma bonne mère, j'ai eu une chance du diable! je viens d'être touché légèrement à la joue, et il en résultera qu'après le mois qu'il me faudra pour guérir je reviendrai tout de suite près de toi : je m'en réjouis bien. La première fois Dampierre t'écrira pour moi. J'ai reçu toutes tes bonnes lettres. *Je suis en état de grâce.*

« Je t'embrasse de toute mon âme. A bientôt...

« HÉLION. »

J'ai vu cette lettre, dernier envoi de ce noble fils à sa mère, et qui renfermait le dernier souvenir qu'il dût lui adresser de ce monde. Les mots : « Je suis en état de grâce » sont soulignés. L'écriture est très-lisible, mais altérée ; elle devient de plus en plus tremblante à mesure qu'elle approche de la fin, et la signature, ce nom chéri d'Hélion, tracé par lui pour la dernière fois, est formée de lettres incertaines et grossières comme celles que tracent les enfants.

Il fut longtemps à écrire cette lettre, bien courte cependant, et l'abbé G'Stalter, craignant que cet effort ne lui fît mal dans l'état de faiblesse où il était, après tout le sang qu'il avait perdu, l'engagea à se reposer un instant. Mais Hélion lui répondit avec un accent mêlé de tendresse et de mélancolie : « Monsieur l'abbé, on ne se fatigue jamais d'écrire à sa mère. »

Il était alors cinq heures du soir. On apporta au blessé un bouillon, qu'il prit, non sans effort, avec un peu de vin. Puis l'aumônier, rassuré par les affirmations des médecins, lui souhaita un bon sommeil et le laissa heureux et content, presque gai, comme un convalescent qui revient aux espérances de la vie. Hélas ! l'espoir du prêtre et du blessé lui-même était trompeur. Entre minuit et une heure du matin, après un repos qui semblait paisible, il se retourna tout à coup dans son lit et rendit le dernier soupir, doucement, sans effort, sans agonie, sous les yeux d'un bon infirmier qui le veillait, et qui avait ordre de ne pas le quitter un instant. C'en était fait de son existence ici-bas, et son âme si belle, si grande, si pure, abandonnant à la terre son enveloppe mutilée, était allée recevoir dans le ciel l'éternelle récompense promise aux martyrs et aux saints.

Le lendemain, quand la nouvelle imprévue de sa mort fut connue à l'état-major et dans le corps d'armée auquel il appartenait, ce fut un étonnement douloureux et un deuil universel. La plupart des généraux et des officiers le connaissaient et lui portaient une estime affectueuse; les circonstances exceptionnelles de son engagement volontaire, son courage héroïque, sa bonté et sa mâle franchise, l'avaient fait également connaître et aimer d'un grand nombre de soldats. La mort de ce simple sous-officier de zouaves produisit donc une impression presque égale à celle qu'aurait causée la mort d'un général ; et, dans tous les rangs de l'armée, depuis le général en chef, qui lui avait présagé le plus brillant avenir, jusqu'aux simples soldats, sa fin si prématurée fit couler bien des larmes.

Je n'en citerai que deux preuves entre beaucoup d'autres : premièrement, le passage suivant d'une lettre écrite à madame de Villeneuve par l'illustre maréchal Bosquet :

« J'ai reçu le buste précieux qui reproduit si bien les beaux traits du noble enfant que nous avons tous pleuré avec vous et regretté avec toute l'armée comme une glorieuse espérance perdue. »

Je citerai en second lieu la lettre écrite par le général Féray au colonel chef d'état-major de la garde nationale le lendemain de la mort de Villeneuve; on y retrouve avec toute l'énergie militaire, l'émotion sincère et contenue, et le cœur d'un vrai soldat :

« Mon cher colonel,

« En vous écrivant ce matin la grave blessure du jeune Villeneuve, j'avais un peu d'espoir, et je voulais vous le faire partager.

« Malheureusement je ne puis vous continuer les mêmes espérances. Mon aide de camp arrive de l'ambulance du deuxième corps et m'apporte la triste nouvelle que votre protégé est mort cette nuit à une heure. J'en suis profondément affligé : j'avais connu M. de Villeneuve dans les salons, et je l'avais aimé ; ici, j'avais reconnu qu'il avait des qualités plus sérieuses que celles qui m'avaient séduit, et je l'avais estimé.

« Vous ne pouvez vous faire une idée de l'énergie de ce brave garçon. Quand je lui avais offert de quitter la cavalerie pour prendre cette rude vie des zouaves, il avait accepté avec une reconnaissance touchante. Il ne demandait que des occasions de se signaler, et il avait le noble orgueil de vouloir envoyer de ses nouvelles à ses amis de France par nos bulletins. Il ne cherchait pas la mort, mais il courait après le danger avec amour. Il me disait il y a huit jours : « Je suis si heureux à la tranchée ! on « ne tire pas une seule balle que je ne sois là ! »

« La mort lui devait de l'épargner un peu

plus longtemps. Vingt-quatre heures plus tard il aurait eu la croix, objet de son ambition, que Vinoy avait demandée pour lui.

« Je crois qu'il aurait fait honneur à son nom et que c'est une perte pour l'armée.

« Mon cher ami, je ne puis donner de consolations à une mère dans d'aussi tristes circonstances ; mais, s'il y en a une possible, c'est de lui dire : « Votre fils est mort en brave sol-
« dat, avec un courage et une résignation hé-
« roïques, glorieux d'être tué pour la France et
« méritant les regrets et l'estime de tous. »

« Mon cœur, un peu bronzé sur la mort, s'est retrouvé ce matin. Adieu... »

Cependant, tous ceux qui avaient connu la blessure d'Hélion de Villeneuve et les espérances des médecins s'étonnèrent de cette mort si rapide et si peu prévue. Les hommes de l'art eux-mêmes s'en émurent, et le docteur Félix, médecin en chef de l'ambulance, qui avait voulu soigner le blessé, ne pouvant se rendre compte de ce brusque et fatal dénoûment, voulut faire l'autopsie de son corps. Alors, mais alors seulement, on reconnut que la blessure du visage n'avait pas été la seule ni la plus grave : le biscaïen qui lui avait fracassé la mâchoire avait passé par le larynx sans qu'on s'en fût aperçu, avait traversé les conduits du poumon et causé, à travers mille désordres, un épanchement intérieur très-considérable. On retrouva dans sa poitrine cet énorme morceau de fer dont une trace bleuâtre indiquait le passage, et qui avait causé sa mort. Il fut pieusement recueilli par une main amie, et plus tard envoyé en France à madame de Villeneuve-Trans, comme une chère et douloureuse relique de la passion de son fils.

Le lendemain de la mort d'Hélion de Villeneuve, le digne aumônier qui lui avait ouvert le ciel lui rendit les derniers devoirs. Les funérailles furent modestes ; elles l'étaient toutes forcément sur cette terre de Crimée où l'on mourait tant et si vite. Néanmoins elles furent accomplies avec toute la solennité possible et avec un grand recueillement. Grâce aux illustres amitiés du défunt, son corps eut le privilége d'un cercueil (véritable privilége même pour les officiers) fabriqué avec des caisses à biscuit. Il fut enseveli dans le cimetière du deuxième corps, où les tombes étaient déjà bien nombreuses, et le jour même, sous la tente qui tenait lieu de chapelle, en face de la colline où dormait sa dépouille mortelle, le prêtre de Jésus-Christ offrit le saint sacrifice de la messe pour le repos de son âme. Avant de livrer le cercueil à la terre, l'aumônier avait eu soin de le faire marquer d'un signe particulier, afin qu'on pût facilement le reconnaître si jamais on voulait le faire exhumer, et ramener en France les restes du noble soldat qu'il renfermait.

C'est ainsi que mourut Hélion de Villeneuve-Trans, enseveli à vingt-neuf ans dans la fleur de son âge, de son triomphe et de son dévouement. C'est ainsi que s'accomplit le sacrifice de la mère et du fils, et que s'accomplirent aussi leurs immortelles espérances ; et c'est ainsi que Dieu répondit aux prières mystérieuses de l'enfant qui avait demandé de mourir avant sa mère, et aux prières de la mère qui avait demandé avant tout et par-dessus tout le salut de l'âme de son enfant.

Plusieurs, en voyant la fin si brusque et si douloureuse d'une si belle vie et de tels dévouements suivis d'une telle récompense, s'étonneront peut-être et seront tentés de murmurer contre la Providence. Mais à ceux-là je répondrai d'abord que, si quelqu'un est à plaindre, même humainement parlant, ce n'est pas Hélion de Villeneuve, car il est mort à vingt-neuf ans, après une existence aussi heureuse que possible, après vingt-neuf années que je puis appeler, presque sans exagération, vingt-neuf années de bonheur. Il est mort avant l'âge ordinaire des déceptions et des malheurs, emportant dans sa tombe le secret d'un avenir que Dieu seul connaissait et qui eût été peut-être rempli de larmes et de douleurs, laissant derrière lui des amis sincères pour le pleurer, et un souvenir impérissable dans le cœur de ceux qui l'ont aimé. Il est mort glorieusement sur le champ de bataille tant rêvé; il a donné son sang pour son pays et pour sa foi, et il a fait plus par sa mort pour son nom, pour la France et pour l'Église, qu'il n'eût fait par la plus longue et la plus belle vie. Enfin il est mort chrétiennement, saintement, purifié par la souffrance, avec un prêtre à ses côtés pour lui rappeler la patrie absente et lui ouvrir les portes du ciel. Non, non, ce n'est pas lui qui est à plaindre, et pour quiconque a, je ne dis pas de la foi, mais du cœur, son sort est glorieux et éminemment digne d'envie.

Quant à ceux qu'il a laissés derrière lui, qui le pleurent et qui l'aiment ; quant à sa mère surtout, que sa mort laisse veuve de tout le bonheur qu'elle trouvait en lui, leur douleur est profonde sans doute, inconsolable par les moyens humains, mais elle est pleine de résignation, d'espérance et de consolations divines ! Sa mère ne sait-elle pas qu'elle a atteint son but et que son sacrifice n'a pas été vain, puisqu'il a assuré le salut de son fils? Ne sait-elle pas, à n'en pouvoir douter sans douter de la bonté divine, qu'il est dans le ciel, qu'elle l'y retrouvera un jour, et qu'elle a rempli son devoir de mère chrétienne en menant l'âme de son fils jusqu'au seuil de l'éternité bienheureuse ? Or, pourvu que l'âme arrive à son immortelle destination, qu'importe aux chrétiens que le corps retourne un peu plus tôt ou un peu plus tard à la terre et à la pourriture qui l'attendent? Si le but est atteint, qu'importent et la durée et les épreuves mêmes du voyage?

O vous donc qui vous sentiriez tentés de murmurer en voyant mourir un tel fils et pleurer cette mère, faites silence comme eux, bénissez Dieu comme eux au lieu de l'accuser, et cessez de juger des choses et des âmes chrétiennes avec les pensées de la terre. Les chrétiens ne sont pas les citoyens du temps, mais de l'éternité, et c'est à la mesure de l'éternité qu'il faut juger de leurs joies et de leurs douleurs.

En se plaçant à ce point de vue, le seul vrai, le seul immuable, pour juger la vie et la mort de notre héros, tout change d'aspect, la miséricorde du bon Dieu apparaît dans ce qui semblait d'abord l'excès de sa justice, et les desseins de cette miséricorde infinie sur Hélion de Villeneuve se manifestent avec une évidente clarté. Cet enfant était né avec des grâces particulières; l'esprit divin, qui souffle où il veut, l'avait visité dès son berceau; il était évidemment un fils d'élection, et toute son enfance fut comme enveloppée dans l'amour gratuit et surnaturel de Dieu. Pour accomplir la destinée que Dieu lui avait réservée, pour arriver à cette éternité de bonheur et d'amour qui l'attendait au ciel, et dont les merveilles de son enfance avaient été les prémices et le gage, en un mot, pour prendre de prime abord possession de ce beau ciel où rien n'entre qui ne soit parfaitement pur, il fallait que son âme fût passée comme l'or au creuset de la douleur, et que son front fût marqué de ce caractère de la souffrance qui n'a manqué à aucun des bien-aimés du Seigneur. Dès lors tout s'explique admirablement, et sa vocation tardive, et cette sorte d'instinct irrésistible qui le pousse de résolution en résolution et de régiment en régiment jusqu'à la tranchée où l'attend la mort, et sa fin prématurée avec toutes ses souffrances physiques et morales. Son sacrifice a été accepté, parce que Dieu n'accepte les sacrifices que de ceux qu'il aime; il a été sanglant et douloureux, parce que les chrétiens, nés du sang de la croix, sont les imitateurs de Jésus-Christ, parce qu'ils doivent, comme leur divin Maître, passer par les souffrances et la passion pour arriver à la gloire, et parce que cette gloire qui les attend au ciel est proportionnée pour chacun à la grandeur même du sacrifice. Voilà pourquoi Hélion de Villeneuve a tant souffert; c'était pour mériter la place toute privilégiée qui lui était réservée de toute éternité dans la « demeure de son Père. »

Avant de terminer ce chapitre et pour confirmer les réflexions qui précèdent par une autorité que personne ne récusera, je ne puis résister au désir de citer une lettre de saint François de Sales, qui se rapporte admirablement à la circonstance, et qui semble écrite au sujet de la mort d'Hélion de Villeneuve, tant elle renferme de traits frappants qui s'appliquent à lui. Cette lettre fut écrite par ce grand saint, par ce doux et céleste écrivain, par cet admirable consolateur, à une dame, sa mère d'alliance, comme il est dit dans le naïf langage du temps, à l'occasion de la mort d'un fils qu'elle avait perdu dans les Indes. Au lieu des Indes, qu'on lise la Crimée, et l'on aura l'histoire d'Hélion de Villeneuve et de sa mère.

« Oh! que mon âme est en peine de votre cœur! ma très-chère mère; car je le vois, ce me semble, ce pauvre cœur maternel, tout couvert d'un ennui excessif, ennui toutefois que l'on ne peut ny blasmer, ny treuver estrange, si on considère combien estoit amiable ce fils, duquel ce second esloignement de nous est le subject de nostre amertume. Ma très-chère mère, il est vray, ce cher fils estoit l'un des plus désirables qui fût oncques ; tous ceux qui le cognurent, le recognurent et le recognoissent ainsi. Mais n'est-ce pas une grande partie de la consolation que nous devons prendre maintenant, ma très-chère mère? Car, en vérité, il me semble que ceux desquels la vie est si digne de mémoire et d'estime vivent encore après le trépas, puisqu'on a tant de plaisir à les ramentevoir et représenter aux esprits de ceux qui demeurent.

« Ce fils, ma très-chère mère, avoit déjà fait un grand esloignement de nous, s'estant volontairement privé de l'air du monde, auquel il estoit nay, pour aller servir Dieu et son roy et sa patrie en un autre nouveau monde. Sa générosité l'avoit animé à cela, et la vostre vous avoit fait condescendre à une si honorable résolution, pour laquelle vous aviez renoncé au contentement de le revoir jamais en cette vie, et ne vous restoit que l'espérance d'avoir de temps en temps de ses lettres. Et voilà, ma très-chère mère, que sous le bon plaisir de la Providence divine, il est party de cest autre monde pour aller en celuy qui est le plus ancien et le plus désirable de tous, et auquel il nous faut tous aller, chascun en sa saison, et où vous le verrez plutôt que vous n'eussiez faict s'il fust demeuré en ce monde nouveau parmy les travaux des conquestes qu'il prétendoit faire à son roy et l'Église.

« En somme, il a fini ses jours mortels en son devoir et dans l'obligation de son serment. Ceste sorte de fin est excellente, et ne faut pas douter que le grand Dieu ne la luy ait rendue heureuse, selon que dès le berceau il l'avoit continuellement favorisé de sa grâce pour le faire vivre chrestiennement. Consolez-vous donc, ma très-chère mère, et soulagez vostre esprit, adorant la divine Providence, qui faict toutes choses très-suavement ; et, bien que les motifs de ses décrets nous soient cachés, si est-ce que la vérité de sa débonnaireté nous est manifeste, et nous oblige à croire qu'elle faict toutes choses en parfaicte bonté.

« Vous estes quasi sur le départ pour aller où est cest amiable enfant ; quand vous y serez, vous ne voudriez pas qu'il fust aux Indes, car vous verrez qu'il sera bien mieux avec les anges et les saincts, qu'il ne seroit pas avec les tygres et barbares. Mais en attendant l'heure de faire voile, apaisez votre cœur maternel par la considération de la très-sainte éternité, en laquelle il est, et de laquelle vous estes toute proche. Et, en lieu que vous luy escririez quelquefois, parlez à Dieu pour luy, et il sçaura promptement tout ce que vous voudriez qu'il sçache, et il recevra toute l'assistance que vous luy ferez par vos vœux et prières, soudain que vous l'aurez faicte et délivrée entre les mains de sa divine Majesté...

« Vous ne sçauriez croire combien ce coup a touché mon cœur ; car enfin c'estoit mon cher frère, et qui m'avoit aymé extrêmement. J'ai prié pour luy et le feray toujours, et pour vous, ma très-chère mère, à qui je veux rendre toute ma vie un particulier honneur et amour de la part encore de ce frère trépassé... »

C'est ainsi que saint François de Sales consolait, dans la personen de cette pauvre mère, toutes les mères chrétiennes dont les fils sont morts *au service de Dieu et de la patrie, et qui ont fini leurs jours en leur devoir et dans l'obligation de leur serment.*

CHAPITRE VI.

La dépouille mortelle d'Hélion de Villeneuve reposait depuis trois mois environ dans la terre de Crimée, quand sa mère obtint la permission, aussi précieuse que rare, de faire exhumer son cercueil et de le faire rapporter en France. C'était pour elle une grande consolation de penser qu'elle pourrait voir, toucher de ses mains, presser sur ses lèvres et mouiller de ses larmes ce bois insensible qui renfermait les restes aussi insensibles, hélas ! de son enfant. Cette pensée devint dès lors sa préoccupation constante, et elle mit toute son activité à préparer à ce cher défunt des funérailles dignes de lui dans la vieille terre patrimoniale de Bargemont. Un prêtre courageux et dévoué, M. l'abbé L***, aumônier de l'Empereur, voulut bien accepter la mission pénible, périlleuse même, et qui faillit lui coûter la vie, d'aller chercher en Crimée le cercueil d'Hélion de Villeneuve et de le ramener à Marseille. Il s'embarqua vers la fin de septembre et arriva à Kamiesch le 4 octobre.

Il lui fallut du temps pour faire toutes les démarches et obtenir les permissions nécessaires, et ce ne fut que le 12 octobre qu'on put procéder à l'exhumation. Il était impossible de se tromper sur l'identité du cercueil, car le cimetière du deuxième corps, comme les autres cimetières français de Crimée, était tenu avec un soin remarquable et ressemblait, par son aspect, à tous les cimetières de France. Comme l'espace ne manquait pas, les cercueils étaient suffisamment distants les uns des autres, surmontés de tertres en terre recouverts d'herbe, et, sur la plupart, des plaques de pierre taillées par les soldats du génie ou des croix de bois noir indiquaient par leurs inscriptions les noms, âge et grade du défunt. Le cercueil d'Hélion de Villeneuve était surmonté d'une de ces croix, et M. l'abbé L*** la reconnut parfaitement. De plus, un registre tenu avec une grande régularité indiquait le jour précis de chaque décès et de chaque enterrement, et désignait la place de chaque cercueil par l'indication de *ses deux camarades de lit* dans ce funèbre dortoir de la mort.

Enfin, chose singulière, le digne prêtre retrouva les soldats fossoyeurs qui avaient creusé la tombe d'Hélion de Villeneuve et qui l'avaient enseveli. Avec toutes ces indications qui concordaient et se corroboraient l'une l'autre jusqu'à l'évidence, il fut facile de retrouver et d'exhumer son cercueil. L'opération se fit à la lueur des torches, à dix heures du soir. Le maréchal Pélissier, craignant un effet moral fâcheux, n'avait pas voulu qu'elle eût lieu en plein jour. En quelques minutes les fossoyeurs eurent enlevé la terre, et le cercueil fait en bois de caisse à biscuit, qui renfermait les restes du noble jeune homme, apparut aux yeux. On l'enleva et on le chargea sur une voiture, qui le porta sur l'heure à Kamiesch : il était parfaitement intact et n'exhalait aucune odeur.

A Kamiesch, on le plaça dans un autre cercueil plus vaste et plus solide encore, sur lequel M. l'abbé L*** fit appliquer une croix de fer battu. Puis le prêtre de Jésus-Christ s'embarqua avec son précieux fardeau, veilla sur lui avec une sollicitude touchante, et revint à Marseille après une traversée de douze jours, gravement malade d'une fluxion de poitrine, mais n'ayant pas quitté un instant le cercueil, objet de sa mission et de son dévouement.

En touchant le port de Marseille, la dépouille mortelle d'Hélion de Villeneuve fut reçue par sa mère, qui, poussée en avant par son impatience et son amour pour son fils, attendait depuis trois jours déjà l'arrivée du fatal et bienheureux navire. Elle avait passé ces trois jours dans un hôtel de la ville, en proie à une agitation inexprimable et tourmentée par cette inquiétude de l'attente, le plus pénible peut-être et le plus dévorant de tous les supplices ! On devait accourir du port de la Joliette, où débarquent la plupart des bâtiments de guerre, pour la prévenir à l'instant même où l'on apercevrait le navire tant désiré. Craignant de n'être pas là au moment où cette nouvelle arriverait, elle passa ces trois jours entiers renfermée dans sa chambre, ne sortant que le matin pour aller entendre la messe, tressaillant à chaque bruit, à chaque coup qui retentissait à la porte de l'hôtel, attendant presque ce bâtiment funèbre comme elle eût attendu son fils vivant, désespérant vingt fois par jour de le voir jamais arriver, et se figurant, à chaque nouvelle déception, que la mer avait englouti, avec le navire, la consolation suprême qu'il apportait à sa douleur.

Enfin, le 23 octobre au matin, on vint la prévenir que le bâtiment arrivait : elle partit à l'instant même, et se fit conduire en voiture au port de la Joliette, distant de trois quarts d'heure au moins de l'hôtel où elle était descendue. Arrivée sur le port, elle aperçut le bâtiment qui renfermait les restes mortels de son cher fils ; mais on lui dit qu'il serait impossible de faire transporter à terre le cercueil avant deux heures de l'après-midi. En attendant ce moment, elle s'assit à terre sur le pont de bois qui joignait le navire au quai, et demeura en silence, pleine d'angoisses, priant et pleurant, objet inattentif de la pitié et du respect universels.

Le bâtiment était chargé de soldats malades et blessés, qui revenaient guérir ou mourir au pays natal ; il y en avait de tous les corps, de tous les uniformes ; il y avait aussi, hélas ! parmi eux, des blessures de tous les genres. La vue de ces braves gens mutilés, privés les uns d'un bras, les autres d'une jambe, et le spectacle des malades dont les joues étaient creuses et livides, dont les genoux tremblaient, et qu'on transportait à l'hôpital, étaient vraiment navrants, et le sourire de joie qu'ils avaient à peine la force d'envoyer au ciel et à la terre de France tirait les larmes des yeux.

Quand on commença à descendre à terre tous ces martyrs de cette admirable campagne d'Orient, la pauvre mère sortit de sa méditation ; elle s'émut à la vue de leurs douleurs, qui ranimaient la sienne, chercha à son tour à les consoler, les interrogea, leur demanda s'ils avaient connu son fils, et, quand ils répondaient affirmativement, elle payait par quelques secours et surtout par ses remercîments leurs paroles consolantes. Ces pauvres gens étaient profondément émus à la vue de cette mère de douleurs ; ils la saluaient, l'entouraient de soins et de prévenances, et lui témoignaient leurs sympathies par des paroles inhabiles et grossières peut-être, mais pleines de cœur et de vérité.

Vers deux heures de l'après-midi, le capitaine du bâtiment lui fit annoncer que le cercueil de son fils allait être débarqué. Elle s'approcha respirant à peine, et vit bientôt ce cercueil bien-aimé, soulevé à l'aide de cordes, apparaître au-dessus du pont du navire, puis redescendre doucement vers elle et venir s'arrêter à ses pieds. Elle se mit à genoux et baisa pieusement et avec larmes ce bois qui renfermait les restes inanimés de son fils. Il semble que ce moment aurait dû être terrible pour la pauvre mère ; il fut, au contraire, plein de consolation et de douceur. Elle fut elle-même tout étonnée de sentir, au lieu d'une douleur désespérée, un calme incroyable et une paix vraiment surnaturelle se répandre dans son cœur et remplir toute son âme. Elle crut, et sans doute elle ne se trompait point, que c'était son fils bien-aimé qui lui envoyait cette grâce céleste du sein de Dieu, et qui lui donnait ainsi, du haut du ciel, un gage sensible de son salut et de son bonheur éternel. Il est certain que, contrairement à toutes les prévisions humaines, les heures qu'elle passa ainsi près du cercueil de son fils, ces heures si redoutées de ses amis, furent les plus douces qu'elle eût encore goûtées depuis son malheur, et qu'elle puisa dans le contact de ce cercueil, qui semblait devoir briser son cœur, une force et un courage tout nouveaux pour supporter sa douleur.

Le cercueil fut déposé sous une espèce de hangar sur le quai de débarquement. La voiture qui devait le transporter à Bargemont s'étant trouvée trop petite, il fallut qu'on en allât chercher une autre. Plus de trois heures se passèrent dans cette attente ; madame de Villeneuve resta tout ce temps à genoux près des restes de son fils, priant pour lui avec une grande abondance de consolations et de grâces. Les employés du port, les matelots et les soldats, en voyant cette femme en grand deuil, agenouillée près d'un cercueil, devinaient la funèbre histoire et la considéraient avec attendrissement. Ils se découvraient en passant près d'elle, et lui donnaient mille marques de sympathie et de respect. Il y eut un moment où on débarqua des chevaux qui se trouvaient sur le bâtiment : ces animaux s'agitaient et ruaient en touchant la terre ferme, et, comme ils passaient nécessairement devant le cercueil d'Hélion de Villeneuve, la pauvre mère craignit qu'ils ne l'atteignissent de leurs ruades. Elle alla donc au poste qui se trouvait à côté, et dit aux soldats que le cercueil d'un de leurs camarades tué devant Sébastopol était sur le quai, exposé aux coups de pieds des chevaux, et qu'elle leur demandait de venir le protéger. Aussitôt le chef du poste envoya un détachement de soldats qui firent la haie devant le cercueil, et qui protégèrent ainsi le fils et la mère tout le temps que dura le débarquement des chevaux.

Enfin, vers six heures du soir, une voiture des pompes funèbres arriva sur le port ; on y plaça le cercueil, et madame de Villeneuve, ne voulant pas abandonner un instant les restes de son fils, y monta avec un de ses neveux. Son gendre et un autre parent, qui ne l'avaient pas quittée durant tout le cours de ce pénible voyage, suivaient dans une seconde voiture. Le funèbre cortége se mit en marche, et le lendemain, 24 octobre, à une heure de l'après-midi, on arriva à Bargemont. Mais, le postillon s'étant égaré dans les montagnes, on y arriva par une route presque impraticable, et il fallut traverser tout le village et passer devant le château, qu'on aurait pu et dû éviter en suivant la route ordinaire : ainsi le cercueil de l'héroïque jeune homme passa devant ce château où il avait vécu de si douces et de si heureuses années, où s'était écoulée dans la joie et la paix du cœur sa pure et riante jeunesse !

On arriva enfin à une petite chapelle, située au pied de la montagne où se trouvent le village et le château de Bargemont, chapelle qui appartient à la famille de Villeneuve, et où le corps du défunt devait reposer jusqu'au lendemain. Le curé et le vicaire se tenaient à l'entrée pour recevoir le cercueil avec les bénédictions de l'Église. Quand on l'eut déposé dans cet asile provisoire, tout le monde se retira, et la pauvre mère resta seule près du corps de son fils ; elle y passa toute la fin du jour et une partie de l nuit. Vers minuit, elle consentit à prendre un peu de repos ; mais, après deux heures inutilement employées à chercher du sommeil, elle se releva, poussée par un instinct plus fort que la raison, et retourna près de son cher cercueil, où elle resta à prier jusqu'au jour. Durant toute cette nuit de prière et de solitude, ou plutôt de tête-à-tête avec le cercueil de son fils, elle goûta le même calme et la même abondance de consolations spirituelles qu'elle avait déjà éprouvés sur le port de Marseille.

A six heures du matin, le vicaire de Bargemont vint dire une première messe à la chapelle, et, à sept heures et demie, tout se prépara pour les funérailles : elles devaient avoir lieu dans la chapelle de Notre-Dame, située près de là, au sommet d'une petite montagne, et qui renferme le caveau de famille des Villeneuve. Tout le clergé des environs, ayant en tête le curé de la paroisse, les confréries d'hommes et de femmes, encore si vivantes et si nombreuses dans le Midi, se réunirent et se groupèrent avec leurs insignes, leurs ornements et leurs bannières ; puis le cortége funèbre se mit en marche avec cette lenteur solennelle des cérémonies chrétiennes. Le cercueil était porté par la confrérie des Pénitents, et suivi par la famille du défunt et par sa mère, qui avait voulu conduire son fils jusqu'à sa dernière demeure. Toute la population de Bargemont venait ensuite, pleine de tristesse et de recueillement ; la plupart de ces braves gens avaient connu Hélion de Villeneuve, l'avaient vu enfant, puis jeune homme, et l'avaient aimé pour ses qualités charmantes qui le faisaient aimer de tout le monde. Aussi les larmes des assistants, cet ornement si rare des funérailles, et que nul autre ne remplace, ne manquèrent-elles pas à son enterrement ; et peut-être, dans toute cette foule qui assistait à son service funéraire, ne se trouva-t-il pas une seule âme qui ne le regrettât sincèrement !

Quand le convoi fut parvenu à la chapelle de Notre-Dame, le curé célébra une grand'messe solennelle pour le repos de l'âme du défunt.

Puis on descendit le cercueil dans le caveau mortuaire, et les restes inanimés d'Hélion de Villeneuve prirent possession de la dernière place qu'ils doivent occuper dans ce monde jusqu'au grand jour de la résurrection. On plaça son cercueil près de celui de son père, qu'il y avait pieusement conduit lui-même bien peu d'années auparavant. Sa mère s'agenouilla une fois encore à côté du cercueil, épancha son âme dans une longue et fervente prière, puis elle dit adieu aux chères dépouilles qui reposaient là ; et, quand le caveau eut été refermé, elle quitta la chapelle et le pays à l'instant même, et partit, laissant son fils, mais emportant Dieu, l'éternel consolateur de toutes les douleurs humaines ! Elle partit pour Paris, où l'attendaient, avec les larmes et la tendresse d'une fille, de nouveaux devoirs et les seules joies qu'elle pût encore demander à la terre. Désormais sa tâche envers son fils était accomplie : après avoir assuré le salut de son âme, elle venait de rendre à son corps les derniers honneurs ! Grâce à son amour infatigable, les corps du fils et du père reposaient en paix sous la garde de Dieu, à côté l'un de l'autre, de même que, grâce à son sacrifice, leurs âmes étaient unies là-haut au sein de l'éternelle félicité.

J'ai déjà parlé des regrets universels que la mort d'Hélion de Villeneuve avait causés dans l'armée d'Orient. Ces regrets ne furent pas moins unanimes en France, où il avait laissé tant d'amis dévoués. Plusieurs même sentirent, à la douleur profonde que leur causa sa mort, qu'ils l'aimaient plus encore qu'ils ne l'avaient pensé, et qu'il s'était fait dans leur cœur une de ces places dont le vide ne se comble jamais.

Chacun se redisait avec attendrissement sa bonté, ses qualités charmantes, la gaieté de son esprit, la tendresse de son cœur, les mille circonstances où il avait révélé l'énergique beauté de son âme. On se rappelait surtout qu'il avait pratiqué toujours, et au plus haut degré, cette vertu si rare de l'indulgence et de la bienveillance envers tout le monde, qui est comme la plus douce fleur de la charité chrétienne ; que jamais il n'avait ouvert la bouche pour médire, et que, lorsqu'on médisait devant lui, il témoignait par son attitude gênée ou par son silence qu'il souffrait et qu'il désapprouvait. Dans le monde même, dans ce monde si égoïste, si oublieux et si vain, sa mort laissa bien des regrets et peut-être aussi quelques remords.

Entre tous les témoignages d'affection et de regrets qui le suivirent dans la tombe, je n'en citerai qu'un seul, qui fut particulièrement sensible au cœur de sa mère. L'état-major de la garde nationale de Paris, auquel il avait appartenu, après avoir assisté en corps et en grand uniforme, le général Lavœstine en tête, à un service funèbre qui fut dit pour lui en l'église de Saint-Thomas-d'Aquin, sollicita de sa mère et obtint, comme une faveur, la permission de faire monter dans un reliquaire la balle qui avait causé la mort d'Hélion de Villeneuve et qu'on lui avait rapportée d'Orient.

Ce reliquaire est d'un travail remarquable : mais il touche surtout par la pensée religieuse qui l'a inspiré et qu'il exprime admirablement. Il a la forme d'une petite chapelle dont les battants peuvent se fermer et s'ouvrir : il est surmonté d'une croix, signe à la fois du sacrifice, de l'honneur et du salut.

On y lit avec attendrissement les inscriptions suivantes, qui résument les sentiments du fils et de la mère :

« Dieu me l'a donné, Dieu me l'a ôté, que son saint nom soit béni ! » (JOB.)

« Il s'est souvenu des œuvres de ses pères ; il a donné sa vie pour ce qui est juste ; il recevra du Seigneur une grande gloire et un nom éternel. (*Machabées.*)

« Comme ses ancêtres, il est mort en chrétien pour la patrie et pour l'honneur — Sébastopol, 24 juillet 1855, à vingt-neuf ans. »

En dessous, et sur le socle du reliquaire, ces mots sont gravés :

« Offert à madame la marquise de Villeneuve-Trans par le général marquis de Lavœstine, commandant supérieur de la garde nationale de la Seine, et les officiers de son état-major général, comme témoignage de leur souvenir et de leurs regrets pour le marquis Hélion de Villeneuve-Trans, leur ancien camarade. »

Et maintenant que j'ai retracé autant qu'il était en moi la vie d'Hélion de Villeneuve-Trans depuis sa naissance jusqu'à sa mort, sinon avec talent, du moins avec amour et avec vérité, qu'il me soit permis, comme récompense, d'adresser une prière et un adieu suprême à l'ami dont le cœur a été pendant de longues et trop courtes années si étroitement uni et comme confondu avec le mien.

O mon cher Hélion ! doux ami que j'ai tant chéri, dont le souvenir est lié dans mon âme à tant d'aimables souvenirs, toi près de qui j'ai traversé les plus difficiles années de la vie, toi dont la piété si douce et si saintement contagieuse a fait tant de bien à mon cœur et a si puissamment aidé, à ton insu peut-être, à établir ma vie dans le céleste amour et dans la vérité! Du haut de ce beau ciel où tu es à jamais heureux, jette encore un regard de tendresse sur ceux qui pleurent ton départ si prompt de la terre, et demande à ce Dieu saint, que tu vois face à face, qu'il les éclaire et les bénisse, qu'il affermisse les uns dans la piété, qu'il y ramène les autres, et qu'un jour il les réunisse tous à toi dans l'éternité de son amour !

Pour moi, je n'oublierai jamais l'affection qui

lia si intimement nos âmes ; ton souvenir sera toujours un de mes plus chers souvenirs, et j'ai le ferme espoir, avec l'assistance divine, qu'après t'avoir serré la main pour la première fois sous les voûtes de Notre-Dame, au milieu de l'assemblée des fidèles, il me sera donné de t'embrasser un jour dans le ciel, au milieu de l'assemblée des élus, sous le regard et la bénédiction de Dieu !

APPENDICE.

Je crois devoir ajouter au récit de la vie et de la mort d'Hélion de Villeneuve-Trans une lettre de M. l'abbé G'Stalter, chanoine d'Alger, aumônier de l'armée d'Orient, qui l'assista à ses derniers moments. Cette lettre, par les belles et grandes considérations qu'elle renferme, me paraît de nature à compléter admirablement l'histoire simple et touchante que je viens de raconter ; elle en tire la moralité et la conclusion bien mieux que je n'aurais pu le faire moi-même.

Sur les hauteurs de Pédiouchine, près
la Tchernaïa, 28 septembre 1855.

« Madame la marquise,

« Je partage trop vivement vos respectables douleurs pour ne pas comprendre ce que vous désirez de moi en me demandant les renseignements les plus précis, les plus intimes, sur les derniers moments d'un fils chéri. Je m'empresse de vous transmettre ces tristes détails d'autant plus volontiers, que, tout funèbres qu'ils sont, je les crois de nature à calmer quelque peu d'inconsolables chagrins, et à soulever, ne fût-ce qu'un instant, le poids terrible qui oppressera trop longtemps encore votre cœur de mère. Permettez-moi madame, tout en commençant, de vous proclamer une heureuse mère. Oui, heureuse entre beaucoup d'autres, car vous avez eu le bonheur de donner le jour à un enfant héroïque, de former une de ces âmes belles et rares qui semblent suscitées tout exprès pour venir de temps en temps protester contre l'égoïsme individuel, et montrer au siècle, d'une manière énergique et frappante, le dévouement du corps et de l'âme dans ce qu'il y a de plus désintéressé, de plus magnanime, de plus chevaleresque. Toute l'armée sait aujourd'hui que cet admirable jeune homme venait de quitter une brillante carrière diplomatique pour courir, sur les traces de ses preux ancêtres, vers ce mystérieux Orient, prendre une part active à une nouvelle croisade, en s'associant, dans un poste d'honneur où le péril était incessant, aux fatigues et aux dangers de nos plus obscurs soldats. Ce sont là des âmes trop pures, trop agréables au Seigneur, pour qu'il ne les retire pas à lui dès qu'elles ont été livrées au monde pour lui servir d'exemples à suivre, de modèles à imiter. Leur gloire même, comme leur mission, ne doit s'épanouir que dans la mort, et trop souvent dans la mort violente : *Nisi granum frumenti cadat*, etc. : c'est une parole évangélique.

« ... Un matin, le jeune marquis de Villeneuve-Trans, après une nuit fort meurtrière aux tranchées, fut apporté blessé à l'ambulance de

8.

la deuxième division du deuxième corps, dont je faisais alors le service. Il venait de recevoir un éclat de mitraille, un gros biscaïen, en pleine figure. J'arrivai près de son lit au moment où il était entouré de chirurgiens, tout ruisselant de sang, mais ferme et calme, et ne trahissant par aucune plainte les souffrances atroces qu'il endurait sous le couteau et l'aiguille de soudure des hommes de l'art. En me voyant approcher, il me tendit la main, me faisant des signes d'amitié et s'efforçant de prononcer quelques paroles qu'il ne lui était pas donné d'articuler distinctement. Tout le devant de la bouche et la maxillaire droite étaient horriblement fracassés. Dès qu'il se trouva seul, je m'empressai autour de lui pour lui offrir les consolations de toutes sortes que sa position pouvait exiger. Mon ministère fut bien facile : cet enfant religieux s'était confessé la veille ; sa conscience était pure ainsi que sa belle âme. Comme les docteurs ne voyaient dans son état aucun danger, ni prochain, ni éloigné, les blessures de la face étant de celles qui se guérissent le plus facilement à son âge, je lui procurai, sur sa demande, de quoi écrire. Voyant l'ardeur avec laquelle il prolongeait sa correspondance, je crus devoir lui représenter son état de faiblesse, lui recommander un instant de repos après la rude secousse, après la copieuse perte de sang qu'il venait d'éprouver. Il me répondit avec une mélancolique tendresse : « Monsieur l'abbé, l'on ne se fatigue jamais « d'écrire à sa mère. » Il était alors cinq heures du soir. On lui apporta un bouillon, qu'il prit, non sans effort, avec un peu de vin. Je le laissai à l'entrée de la nuit, heureux et content, presque gai, en lui souhaitant un bon sommeil. Hélas ! je ne le devais plus revoir vivant ! Vers minuit, en se retournant sur sa couche, il expira, sans s'y attendre, doucement, sans effort, sans agonie, sous les yeux d'un bon infirmier, qui avait ordre de ne pas le quitter un instant. L'accident était trop extraordinaire pour ne pas attirer l'attention des hommes de science. M. Félix, médecin en chef de l'ambulance, qui avait voulu soigner lui-même le pauvre patient, fit l'autopsie de son corps ; et, chose incroyable ! l'on trouva, reposant sur le diaphragme, —

pardonnez, madame, les noms barbares dont je suis obligé de me servir pour me faire comprendre, — l'on trouva une masse de fer qui avait passé par le larynx sans se faire soupçonner, avait traversé les conduits du poumon et causé, à travers mille désordres, un épanchement intérieur très-considérable. Cet énorme projectile, que j'ai longtemps, douloureusement pesé dans ma main, fut recueilli par je ne sais plus quelle personne, par M. de Dampierre, je crois, pour être envoyé en France.

« Le lendemain, je présidai aux modestes funérailles du défunt. Grâce à ses bons amis il eut le privilége d'un cercueil, fabriqué avec des caisses à biscuit. Le matin même, sous la tente, en face de la colline verte, où il dort à côté de beaucoup de ses compagnons de gloire, j'offris, non sans émotion, le saint sacrifice de la messe pour ce jeune homme que je n'avais connu qu'un jour, mais que j'avais apprécié, que j'avais aimé de prime abord. Il repose dans une terre lointaine, mais consacrée, mais aujourd'hui française et conquise aussi par son sang ; il repose dans une tombe séparée, qui vous le rendra, madame, quand le moment sera venu, afin que ses ossements triomphants puissent aller rejoindre, dans le caveau de la famille, les cendres de tant de vaillants hommes, de tant de nobles dames, qui ont illustré sa race, et dont l'honneur antique va tressaillir au contact de cette nouvelle gloire.

« Pour conclure, madame la marquise, vous me demandez, en femme forte, en mère chrétienne, *si j'ai la confiance que l'âme de votre fils est au ciel.* En douter un instant, madame, serait une pensée impie, car ce serait douter de la justice de Dieu dans la rémunération future. Et pour qui donc le séjour des bienheureux, si ce n'est pour ces âmes aimables, excellentes, pleines de toutes les qualités évangéliques et qui poussent la vigueur de la vertu, la soif du dévouement, jusqu'à l'oubli, jusqu'au sacrifice d'elles-mêmes ? Oui, notre ami est dans le sein du Créateur, d'où il bénit sa mère ; il jouit aujourd'hui de l'immortelle société de ces soldats du Christ qui s'appellent Georges, Maurice, Sébastien, dont les images saintes décorent nos bannières. protégent nos armées. Comme eux, il fut un héros chrétien; comme eux, il fut martyr, martyr du devoir, de l'obéissance, de l'abnégation militaire, martyr jusqu'au sang rédempteur de la patrie. Il est de fait que la France depuis nombre d'années, a gravement péché contre Dieu et contre elle-même, plus gravement que d'autres nations, à cause de ses lumières, à cause de son titre d'élection de fille aînée de l'Église. Mais, Dieu qui aime la France, qui ne veut pas qu'elle meure, mais se convertisse et vive héroïque et glorieuse pour l'accomplissement sur la terre des desseins providentiels, Dieu a pourtant le droit d'exiger d'elle de graves, de sérieuses réparations. Or, suivant la vaste réciprocité qui règne dans le monde des âmes, nos gages d'expiation les plus certains, de pardons divins les plus réels, ne sont-ce pas ces nombreuses victimes de la guerre tombées tristement loin du foyer, moissonnées par le glaive ennemi, dévorées par les fléaux pestilentiels? Oui, c'est cette brave jeunesse, qui, assurément, est pour peu de chose dans les crimes et les folies du siècle; ce sont ces simples et pieux enfants de nos campagnes, de nos ateliers, qui ont reçu la charge, qui ont dû souscrire l'obligation pénible de payer pour les coupables. Ce sang, le plus pur de la France, précisément parce qu'il est innocent et pur, doit couler, avec les larmes des mères et des sœurs, sur l'autel de la patrie, pour laver tant d'impiétés commises, effacer le passé, réconcilier le présent, assurer l'avenir devant la face de ce Juge incorruptible qui n'a pas promis en vain de poursuivre l'iniquité à travers plusieurs générations.

« Pénétrez-vous fortement, madame, de ces hautes pensées chrétiennes, et vous trouverez courage et résignation, je dirai presque apaisement et consolation, dans l'excès même de votre sacrifice ; car vous sentirez que le Seigneur, en prenant jusque dans vos bras maternels une victime pure et sans tache, a daigné vous associer à ses ineffables desseins de miséricorde sur votre pays, vous a fait ainsi un lot digne de vous, digne d'un nom qui n'est grand et beau dans l'histoire que parce qu'il apparaît toujours rayonnant de piété, de fidélité, de patriotisme, de dévouement.

« Veuillez agréer, madame la marquise, avec mes sentiments de la plus vive condoléance, l'expression sincère de mon respectueux dévouement. »

FIN.

2548 - Abbeville, imp. Briez, C. Paillart et Retaux.

www.ingramcontent.com/pod-product-compliance
Ingram Content Group UK Ltd.
Pitfield, Milton Keynes, MK11 3LW, UK
UKHW020339230726
13925UKWH00003B/879

9 782014 044928